前言

曹操是什么人?

英雄?奸贼?

圣人?凶徒?

大白?小黑?

他既是英雄，又是奸贼；既是圣人，又是凶徒；面对命运的棋局，既执白子，又执黑子。

历史的长河一分为三，他占中间，妥妥地游走在灰色地带。

说白，没有鸽子毛那么白；说黑，没有黑煤球那么黑。

无所谓还原历史的真实，或者重现真实的历史，毕竟无论是谁，再怎么写，也不过是一个作者对一个历史人物的片面化理解。

毕竟谁也没办法替他重新活一次不是?

所以，这本书，既写了曹操的勇敢，又写了曹操的疲惫；既写了曹操的凶残，又写了曹操的温情；既写了曹操的心黑，又写了曹操的矛盾。

本书共分八章，由他的出生、成长，写到他的发展、壮大，再写到他的南征北战、东挡西杀，再写到他的登顶、寂落。从他的生，写到他的死，就像展开一个无比复杂的人物的内心画卷，看他在内心动力支配下，以天为幕，以地作席，以大汉为背景，唱了一出什么样的戏。

刚开始激昂热烈，越唱越寥落，越唱越寂寞，到最后一曲轻歌无人听，仍旧是他一个人孤独步入深宵。

这个人物形象太丰满，个性太复杂，纬度太多，体积太大。他的用兵之道、做人之道、用人之道，都有值得后人学习和借鉴的地方；他的文学成就，也留下灿烂一笔，不可忽视。

本书语言上尽力简洁，少些枝枝叶叶，留下更多的“白”，使这个人如雪中芦苇，云中鹳鸟，独独地显出他的气势来。

中国那一段特定的历史中，他，无可替代，尽显王者气派！

目录

第五章　老骥伏枥，志在千里

第六章　烈士暮年，壮心不已

第一章
小荷才露尖尖角

第一节 官三代，富三代

滚滚长江东逝水，浪花淘尽英雄。是非成败转头空。青山依旧在，几度夕阳红。

白发渔樵江渚上，惯看秋月春风。一壶浊酒喜相逢。古今多少事，都付笑谈中。

——调寄《临江仙》

话说天下大势，分久必合，合久必分。周末七国纷争，并入于秦。及秦灭之后，楚、汉分争，又并入于汉。汉朝自高祖斩白蛇而起义，一统天下，后来光武中兴，传至献帝，遂分为三国。推其致乱之由，殆始于桓、灵二帝。桓帝禁锢善类，崇信宦官。及桓帝崩，灵帝即位，大将军窦武、太傅陈蕃共相辅佐。时有宦官曹节等弄权，窦武、陈蕃谋诛之，机事不密，反为所害，中涓自此愈横。

这是《三国演义》的开头。

几行字包含朝代更迭，包含不了人命危浅。包含乱世之源，包含不了世道乱象。

那个时候，真的，是一个，大大的乱世。

《三国演义》的开头虽然写不尽乱世万象，但是，却揭示了两个导致乱世的关键词：

外戚、宦官。

这是封建王朝最容易患上的两大弊病。哪个王朝出现，哪个王朝就得了癌。

曹操出生在汉桓帝刘志在位的时候，公元 155 年。

刘志能够当皇帝，也是得益于外戚的力量。

东汉本初元年（146），汉质帝驾崩，刘志被梁太后的哥哥——大将军梁冀迎入南宫即位。梁太后临朝听政，外戚梁冀掌握大权。梁冀自杀后，他的财产（不包括房屋田地等不动产），盘点下来，占东汉全盛时期国库收入的四分之一还多。都说百分之八十的财富集中在百分之二十的人手里，到了他这里，是百分之二十五的财富，集中在他一个人手里。

汉桓帝是在宦官帮助下，迫使梁冀自杀，夺回政权的。

当然，要对宦官论功行赏。汉桓帝也大方，一气封赏了五个诛杀梁冀有功的宦官为一级侯爵，世称“五侯”。又把自己贴身的八个小宦官封为乡侯——诸葛亮那么鼎鼎大名、殚精竭虑，才不过是乡侯。

于是，东汉宦官又开始新一轮的专权。

百姓真倒霉。

皇帝要扒皮，宦官要扒皮，外戚要扒皮，各种各样的豪族大地主要扒皮。层层捐，层层税，层层皮。老百姓血肉淋漓，无路可投，无枝可依。

东汉末年的文学家、建安七子之一的王粲，公元 192 年从长安去荆州，正值黄巾起义如烈焰席卷，百姓身处无间：

> 出门无所见，白骨蔽平原。路有饥妇人，抱子弃草间。

哀哉可怜。

乱世如劫，曹操应劫而生。

曹操，字孟德，小名阿瞒，又名吉利，沛国谯县（今安徽省亳州市）人。

如果需要在宦官和外戚集团之间站边的话，他大约应当属于宦官集团。

曹操的爷爷曹腾，是太监，当年伺候皇太子刘保读书。刘保登基为汉顺帝，曹腾则做到了中常侍——就是在皇帝寝殿侍奉的太监。

而且曹腾还做到了大长秋——长秋宫是汉朝皇后居所，大长秋是宣达皇后旨意，管理宫中事宜的皇后近侍官首领。

汉顺帝死后，冲帝、质帝在位时间都极短。质帝死后，是曹腾鼓动着外戚梁冀迎立了汉桓帝刘志的，所以刘志登基后，也就回报了他一个费亭侯。

后来，梁冀做得太过分，天怒人怨，皇帝就和宦官单超等人谋划杀他。曹腾倒是没有参与这次的诛杀行动，不过他是老资格的太监，历经好几个皇帝，且当初有迎立的功劳，所以地位丝毫没有受到动摇。

曹腾的能耐，有点像后世的大太监李莲英，特别的有政治远见，也特别的有行事手腕，不是只关心眼面前儿的金银珠宝、田产地亩，所以他在皇帝面前和官员士大夫面前都特别吃得开。他还提携了一拨名士，比如虞放、边韶、延固、张温、张奂等人，这些人位至公卿，当然对他饮水思源，极有好感。

他这个结交热情和结交手腕，隔代遗传给了孙子曹操。

——这话不对。根本不是隔代遗传，他是太监。

当时政策允许宦官养子袭爵，所以他就领养了曹嵩——曹操的父亲。

至于曹嵩真正的出身，连史家都说不清楚，《三国志·魏志·武帝纪》里的说法是“莫能审其生出本末”。

不过，许多人认为，曹嵩原本出身是夏侯氏，夏侯氏和曹氏本是亲戚，这个说法也十分过得去。而且，曹操势大之后，对于夏侯氏十分重用，夏侯惇、夏侯渊、曹仁、曹洪、曹休、夏侯尚、曹真同为他的亲信。从这一点似乎也可为佐证。

《资治通鉴》胡三省注更说得直截了当："曹氏，夏侯氏之出也。"

无论怎样，曹腾变成了曹操的爷爷。

曹操成了官三代，也是富三代。

总之一句话，吾出生时甚牛，汝等知否？

第二节　鸟入深林，鱼入深渊

曹腾到底有多有权？

看他给"儿子"曹嵩谋的出身就知道了：曹嵩一气由司隶校尉爬到了大司农和大鸿胪的位置。

司隶校尉相当于京城卫戍总司令，大司农是"三公九卿"之九卿中的一位，而且是最有钱的一位，抓的是财政！大鸿胪也是九卿之一，掌管的是藩国事宜。

军政、财政、外交，都是至关重要的位置，在曹腾的荫庇下，曹嵩都做到了。

曹家到底多有钱？

中平四年（187），曹嵩出钱一亿，买到太尉之职——太监的儿子，做三公，试问，还有谁？

除了儿子，曹腾的侄子曹鼎，做到了尚书令，另一个侄子曹瑜做到卫将军，封侯。曹腾的远房侄子也做到吴郡太守，所谓"父子兄弟，并据州郡"，从中央到地方，都有他曹家的人。

也都有他曹家的田。

也都有他曹家的奴仆。

也都有他曹家的私兵。

曹操这小子长大了，鬼精鬼怪的。他私心里总觉得，仁义礼智信什么的，太讨厌了。

所以他是很能放飞自我的。

反正家里不缺钱嘛，玩玩鹰犬啊，耍耍枪棒啊，骑骑马，射射箭，成天在外边疯，不着家。

也是仗着爷老子宠他，上蹿下跳的。有一回，他爹曹嵩在洛阳做官，他去了洛阳，竟然闯进了中常侍张让的卧室里去了。

——当时张让权倾朝野，汉灵帝宠信他到了公然说“张常侍是我父”。这么一个人，他的卧室岂能够乱闯？死都不知道怎么死。

好死不死的是，张让正在卧室。他正闭着眼睛想事情呢，听到动静，一睁眼，映入眼帘的是一个生人，吓得立马大叫：“来人，有刺客！”

他是封了侯的太监，手底下卫士一拥而入，刀枪剑戟齐齐朝前捅。曹操拿一支手戟，像孙悟空硬闯南天门，从南天门一直砍到蓬莱东路，手不停挥，乒乒乓乓，杀出卧室，杀出厅堂，杀到院墙，翻墙而走。

——他的武功有那么好吗？是不是他的形象被美化啦？这个谁也说不清。反正他好的就是不走寻常路。

熊孩子胡作非为，是很让老辈人看不上眼的，所以曹操的叔叔就给他向他爹告状了：管管你儿子，皮得没边儿了。

曹操被他爹训了一顿。

然后，坏小子眼珠子一转，计上心来。

这天，叔叔迎面走来，正看见他，他大叫一声，倒地不起。他叔叔赶紧跑过来，一看这家伙嘴歪眼斜脖子犟，一副中风的鬼样。

他叔叔吓得叫曹嵩，说快去看阿瞒，他中风了。曹嵩一听，急匆匆跑过来。结果一看，儿子好端端地站着，嘴也不歪，眼也不斜，脖子角度也正常。

曹嵩问："你叔叔说你中风了，你这是又好啦？"

曹操说："我哪有中风。我叔叔不待见我，故意编排人家。"

曹嵩信了。

从此，弟弟再编排自家儿子什么话，他都不听了。

曹操鸟入深林，鱼入深渊，如三春花事明迷，再无人收管。

总而言之又是一句话：吾幼年时亦甚牛，汝等知否？

白马饰金羁，连翩西北驰。借问谁家子，幽并游侠儿。
少小去乡邑，扬声沙漠垂。宿昔秉良弓，楛矢何参差。
控弦破左的，右发摧月支。仰手接飞猱，俯身散马蹄。
狡捷过猴猿，勇剽若豹螭。边城多警急，胡虏数迁移。
羽檄从北来，厉马登高堤。长驱蹈匈奴，左顾凌鲜卑。
弃身锋刃端，性命安可怀？父母且不顾，何言子与妻！
名编壮士籍，不得中顾私。捐躯赴国难，视死忽如归！

曹植一首《白马篇》，写出一个游侠的美好形象。每个少年心中都有一个侠客梦，那样的乱世，负剑骑马，勇走天涯，捐躯报国，视死如归，是何等的帅气，何等的慷慨。

曹操也干过游侠这门很有前途的职业。不过，他不是捐躯赴国难，他是抢人家的新娘子：

魏武（曹操）少时，尝与袁绍好为游侠。观人新婚，因潜入主人园中，夜叫呼云："有偷儿贼。"青庐（拜堂）中人人皆出观。魏武乃入，抽刃劫新妇。与绍还出，失道坠枳棘中，绍不能得动，复大叫云："偷儿在此！"绍惶迫自掷出，遂以俱免。

这是《世说新语》里记载的一则故事。曹操和袁绍两个人是发小儿，据说袁绍大曹操几岁，经常带着曹操一块儿玩，其实就是一块儿作，调皮捣蛋，惹是生非。

这天，他们去一户新婚人家的家里闹洞房，偷偷钻到人家的后园子里，发一声喊："抓小偷！"新郎和闹洞房的人们丢下新娘跑出来抓贼，结果中了这俩小子的调虎离山之计，他们直入洞房，曹操居然还随身带着武器，抽出刀来，劫走新媳妇。

曹操扛着新娘和袁绍一路奔逃，袁绍走慌了，一脚踹进荆棘窝子里，一动不敢动。曹操一看这不成，后边已经有人追出来了，又大叫一声："抓小偷！"袁绍吓得一激灵，也顾不上疼了，一蹦子蹿出荆棘丛，两个人又扛着新娘一溜烟跑了。

至于此事后续如何，正史无载，估计两个官二代、官三代，此事也不难摆平。

总之曹操从小就不是个省油的灯。小时候他压袁绍一头，大了仍旧压袁绍一头。可怜袁绍最终死在发小儿手里。

第三节　道德是什么玩意儿

如果曹操一直这样游荡下去，也无非是从一个小流氓长成一个大流氓，没什么出奇。

难得的是他爱读书，所以，他长成一个枭雄，而且还是一个有才的枭雄。

不得不说，知识改变命运。

他爱读兵法，还把各家的兵法做一个集中摘录，编成《兵法接(节)要》。又给《孙子》作注，并且作了一本《孙子略解》。他的《孙子注》一直流传到一千多年后的今天。

除此之外，诗书经典、史籍法学（法家著作）、楚辞乐府、书法绘画，无不博览；书法、绘画、围棋无不通晓。

他读书的习惯一直延续到他变成一个大人物，哪怕统兵打仗，都手不舍书："御军三十年，手不舍书，昼则讲武策，夜则思经传。"

所以说，无论你干什么工作，做什么事业，出身什么家世，读书，是一定要的。

照理说，这样一个不务正业的人，谁见了谁摇头的狗不理才是，又没有什么小时候出奇聪明的事迹，比如孔融让梨等，也不知道那个叫桥玄的，是怎么看出他不是平常人来的。

桥玄不是一般人，也有人说他应当是"乔玄"，年轻时任功曹，后又被举为孝廉，一路做官，升至太尉。此人性格刚强，不阿权贵，待人谦俭，为官清廉，死后连下葬的钱都没有，被人称为"名臣"。

这样一个人，看见顽劣的曹操却像看见了宝，说他："天下将乱，非命世之才不能济。能安之者，其在君乎？"

做官的人，都是关心时政的，都知道如今的天下山雨欲来。皇帝昏昏，百官庸庸，鹰犬汹汹，百姓懵懵。就像一口高压锅，无数人的怨气积累，不知道什么时候就会冲开盖子，把汉朝天下爆出一个大窟窿。

但是，一个太尉（全国武装部队总司令）凭什么认为曹操就是命世之才，可安天下呢？

大约是看见了曹操行事顽劣中有计谋，不务正业中又有读书心肠吧。

还是一句话：吾长大了亦是颇牛，汝等知否？

除了桥玄，还有一个人，也看见了曹操的闪光点。这个人叫何颙，南阳人，名士，也是中央高官。他看见曹操，也说："汉室将亡，安天下者，必此人也。”

他也看到了汉室灭亡的结果，也预见了天下大乱的局面，也看出来曹操是可安天下的那个人。

安天下的人，长什么样？

谦谦君子吗？估计在这样的乱世，活不过第一集。

混世魔王吗？估计在这样的乱世，活不到最后一集。

唯有脚踩黑白两道，游走阴阳两界，心思亦正亦邪，正处可安天下，邪处可干妖魔，这样的人，才有资格安天下。

曹操，不得不说，还真的生就这副模样。

还有一个叫王俊的，汝南人，对曹操也青眼有加。一次袁绍兄弟给他们的母亲办丧事，丧仪隆重，送葬的有三万人。太奢侈了，太豪华了，太嚣张了。曹操家也是有钱的，也没这么铺张过，到底比不上人家四世三公的世家大族啊。

也不知道他是恨人有还是什么心理，反正是悄悄跟王俊说：“天下要大乱了。为首作乱的一定是这两个家伙。要想安定天下，为百姓救苦难，就要杀掉这两个人，否则后患无穷。”王俊说：“你说得对，能安定天下的，除了你，没别人。”二人相对而笑，显然一个说中肯綮，一个搔着痒处。

原来曹操不是一味胡闹乱玩，他是真的心怀天下，有霸图之志。

一个两个三个，都这样说。

曹操就信了吗？

他不信。

他不觉得自己有这么大的本事，他需要找一个人来印证。于是，他在桥玄的建议下，跑去找许劭了。

那个年代，没有科举考试，怎么选拔人才？就要凭着人的嘴，两片皮。说你好，你就好，不好也好；说不好，就不好，好也不好。

这叫“察举制”，就是由地方考察本地人才后，向中央推荐。考的就是地方官的眼力，而地方官还要靠一方名流的眼力，所以那个时代，大家都练习怎么看人。

看人准的人也确实很多。

比如评价曹操的许劭。他是东汉末年著名人物评论家，每个月都要对当时人物进行一次品评，人称为“月旦评”。他一句话，对被品评者的影响极其的大。

不过，月旦评本身就是以一人或二人之好恶来进行品评，其实失之草率，被称为“私法”，有“褒贬不平”之讥。甚至有人认为月旦评是结党营私。

无论怎样，月旦评给朝廷举荐了不少人才，也算是有功。许劭推荐的樊子昭、和阳士、虞承贤、郭子瑜等都显名于世，人称许劭为“拔士者”。

不过，许劭显然不是在公开进行月旦评的场合评价曹操的，是曹操说着好话，带着厚礼，求许劭为自己看一看。许劭鄙薄他的为人，最开始不理他，后来他干脆就抓个空子威胁许劭。许劭被缠不过，勉强下了十个字的评语，说他是“治世之能臣，乱世之奸雄”。

能臣人人愿当，英雄人人向往，可是奸雄算什么玩意儿？奸人、奸贼、奸计、奸狡……太侮辱人了。

曹操却哈哈大笑。

他才不关心自己是奸是忠，他关心的是自己将来是“雄”。

这就够了。

道德是什么玩意儿？能吃吗？忠良是什么玩意儿？多少钱一斤？

第四节　傻子被打死了

熹平三年（174），曹操刚满20岁，被地方上推举为孝廉。

——一方面他有了些名气，也让人相信他有些才能；另一方面，和他们家有钱、有地位也脱不开干系。纵使朝廷想唯才是举，但是，不带“贝”字的才永远比不上带着“贝”字的财好使。

有了地位的世家大族，把名额垄断起来，互相吹捧，弄虚作假，你推举我，我推举你，于是权力和实惠就这样被瓜分掉了，难怪当时有童谣讽刺：“举秀才，不知书；举孝廉，父别居。”

——被推举为“秀才”的人啊，连书都念不下来；被推举为“孝廉”的人哪，把自己老爹扔一边不管不问。

就冲着曹操给他叔叔设套，又抢别人家新娘的德行，有点能力这个可以信，但是，你相信他“孝廉”不？

但是无论怎样，他就是当上孝廉了。

不久，曹操被任为洛阳北部尉。

这个官儿，是司马懿的爹司马防举荐的。后来曹操牛气了，做了魏王，旧事重提，说你看孤现在还是当北部尉的材料吗？司马防一辈子冰块脸，如今还是冰块脸：

“过去我举荐大王的时候，你的材料也就只够做一个北部尉。”

曹操大笑。

洛阳是京城，曹操负责京城北部的治安。就穷人家孩子来说，这个官儿不小；但是，就他的家世和家底来说，这个官一般般。无论怎样，这算是踏上仕途了。

而且不是一帆风顺的仕途。

京城这个地方，太乱了。

强弩之末，力不能透鲁缟。一个王朝到了末期，天子脚下，一切黑恶势力冒头，就像末法时代恶鬼横行一个样。

白天还好，一到夜间，豪强子弟和地痞流氓乱窜，欺压良善，调戏民女，敲诈勒索，无恶不作。都尉能管小民，如果豪强子弟作了恶，他们还得要帮着遮饰，以示巴结呢。

曹操锐气正盛，想着建一番功业，杀伐立威。再说他怕什么，家里那么大的后台。所以，一上任，他就乒乒乓乓干了个热火朝天。

都尉衙门年久失修，修！

五色棒，造！

五色棒，汉代执法用的刑具，棒上各涂有红、黄、绿、白、黑五种颜色，就是用来揍人的。

曹操让人把十来根五色大棒挂在衙门大门两边，明令禁止夜行，“有犯禁者，不避豪强，皆棒杀之”。

杀气扑面而来。

偏偏就有傻子撞上门来。

往往钱多的人容易傻，权重的人容易傻，因为觉得没有钱摆不平的事，没有权压不下的理。“我爸是李刚”的事儿可不光是前些年才有啊。

那些有钱有权的，想：怕什么，不过一个小小的北部尉罢了。大不了花几个臭钱摆平他，让他给当自家的看门狗都成。

所以，一位大爷就顶风上了。大晚上的，在大街上乱晃。后世有人说他携带管制刀具，有人说他强闯民宅，强抢民女。就算他没带刀，没闯民宅，曹操就能饶过他？

于是，这个人被逮，曹操一声令下，噼里啪啦，一顿五色大棒，给打死了。

这下子，看谁还敢拿豆包不当干粮，“京师敛迹，莫敢犯者”。

曹操也捅了马蜂窝。

被打死的这人是当朝皇帝格外宠信的宦官蹇硕的叔叔。

可是蹇硕一时好像也没什么办法。曹操本来就有靠山，而且又没犯法。

没办法，曹操就被大家好一顿夸，在汉灵帝面前说此人是个人才，只当个北部尉太屈才，不如让他去更高的岗位上发光发热吧。

于是，熹平六年（177），曹操“上调”为远离京城的顿丘县令。这一年，他二十三岁。若按如今的周岁算法，才二十二岁。（注：本书以后统一按照周岁算法。）

他在后来给儿子曹植的书信《戒子植》里，还提到这段光荣历史：

吾昔为顿丘令，年二十三，思此时所行，无悔于今。今汝年亦二十三矣，可不勉欤！

——我曾经掌管顿丘一令的时候，才二十三岁。想起那时的所作所为，到现在都没有后悔。你今年也已经二十三岁了！要勉励自己啊！

他还蛮得意的。

还是一句话：吾做了官继续牛，汝等知否？

第五节　准备大开杀戒

不久，曹操被朝廷征拜为议郎，又回了洛阳，相当于下乡挂职了一小圈儿。

议郎是自秦始置的一种官位，西汉沿置，属于光禄勋，秩为比六百石，与中郎相同，高于侍郎、郎中。

议郎的重点在一个“议”字，大约就是参政议政的意思。

东汉时一般郎官均受五官中郎将、左右中郎将管辖，但议郎例外——曹操的儿子曹丕，就曾经当过五官中郎将。如果时空倒错，曹操和曹丕父子同代，那么曹操也不用受曹丕的管辖。

但是很快，光和元年（178），汉灵帝的宋皇后被废，忧死。他的父亲不其乡侯宋酆和兄弟全部被杀，曹操的堂妹夫宋奇可能是宋皇后的一个兄弟，被宦官诛杀，曹操也受到牵连，被免官去职，回家乡谯县闲居。

次年，曹操二十四岁，纳卞氏为妾。卞氏小曹操数岁，卞家代代都以声色营生，卞氏一出生，就已经命定要当一个歌舞伎。卞家四处飘荡，一路飘到了谯地，恰遇闲居的曹操。

不是恰遇，是曹操带着众兄弟去歌伎坊游玩，一个富家子弟正调戏卞氏，被他暴揍一顿。不久，她就成了曹操的姬妾。

曹操纳卞氏的第二年，光和三年（180），他的机会又来了。

反正无论任何年代，人还是要有点才能的，万一就能出人头地了呢？

这年六月，汉灵帝命令公卿推荐一种人才，这种人才或者通《尚书》，或者通《毛诗》，或者通《左氏》，或者通《穀梁春秋》。通这四种经典的，各推荐一人，拜为议郎。

曹操虽然少时顽劣，但读书好，所以既有资格、又有门路被推荐，于是就被推荐。

曹操再蒙征召，拜为议郎。

议郎的职责就是议论朝政，也不知道他的脑子怎么一抽，居然上书替死人翻案。

那个死人叫窦武，就是《三国演义》开头：

及桓帝崩，灵帝即位，大将军窦武、太傅陈蕃共相辅佐。时有宦官曹节等弄权，窦武、陈蕃谋诛之，机事不密，反为所害，中涓自此愈横。

里面的那个窦武。

窦武被杀是168年，汉灵帝刚当皇帝；曹操上书灵帝时，已是181年。

他申诉道：窦武等人本来很正直，却被奸人谄害。坏人充塞朝廷，好人进身之路阻塞。

——明摆着是跟太监叫板，他的爷爷却是一个十足的大太监。

世界上总需要有这么一种人，他不会因为自己站在哪个阵营，就一味地替哪个阵营说话；他是觉得谁有理，他就替谁主张。

这样的人活得清醒，某种程度上很嚣张。曹操是既清醒，又嚣张。

他这一辈子，就没有活在用哪根弦规起来的笔直的道路上。他坚持自己认为有道理的事，结果做了许多世人看来很没有道理的事。

屈原说“世人皆醉我独醒，世人皆浊我独清”，曹操是世人醉不醉我不管，反正我爱醉便醉，爱醒便醒；世人浊不浊与我无干，我爱浊便浊，爱清便清。

小时候是个叛逆的小流氓，大了是个叛逆的大流氓，建了自己的青红帮。

只是如今还远不到时候，是龙他得盘着，是虎他得卧着。

这年他二十七岁：孙权和诸葛亮刚刚出生，孙策和周瑜还是七岁的小顽童，刘备二十五岁了，正吃了上顿不知道哪里有下顿。

天下变成一只鹿，争逐的群雄刚刚齐聚人间，准备大开杀戒。

伴随着曹操的出生和长大的，是社会环境越来越坏。

伴随着压迫和被压迫的社会现象而深化的，是社会危机越来越多、越来越大。

整个东汉国家就像一口煮沸的大锅，以人为薪，以骨为炭，煮得锅里的人血沸腾，人肉熬煎。

这里那里、大大小小的农民反抗，此起彼伏，年年有，年年声势愈壮，好比山火星星点点，逐渐毗连成片。

汉桓帝永兴二年（154），曹操出生的前一年，公孙举与东郭窦率众于泰山东北、琅邪起义。到公元156年，部众已达三万人——那个时候，东汉总人口才六千五百万，除去豪强部族、地主大户，平摊下来，穷人家差不多千八百人中间就出了一个造反的。如果这个人口范围缩小到泰山和琅邪，造反的比例有多高？简直触目惊心。

他们狼奔豕突，所向披靡，政府军屡屡出兵，年年讨伐，皆无功而返。

全国的形势愈来愈坏。

曹操六岁那年，长沙的少数族起兵，进军益阳；零陵少数民族起兵，进攻长沙。当时的九真郡在如今的越南境内，也闹民变，占领日南郡。

到了曹操十八岁，朱盖起兵荆州，和桂阳的胡兰等一起带兵攻击桂阳，桂阳郡守弃城而逃，百姓纷纷加入，人数达到数万。

朝廷四处派兵，好比拿着扫帚扑山火，这里扑灭那里燃，此时扑灭彼时燃，甚至根本扑不灭，火势倒卷，烧了头发烤了脸。

整个国家就像一口高压锅，眼看就要炸了。

第六节　高压锅爆炸了

光和五年（182），汉灵帝下诏，要三公检举那些尸位素餐甚至残害百姓的州郡长官和两千石以上的高官，因其食厚禄而不谋德政。

可是司徒、司空、太尉却因碍于情由或者惹不起盘根错节的世族豪门，所以越是作得厉害，害民苛酷的官员越不敢碰，却随便拣选了二十六位没有后台却做出政绩，且为官清廉的官员来弹劾。

这事儿把许多官员和百姓惹毛了，也把曹操惹毛了，干脆给皇帝上书，直接跟三公叫板，说他们吃柿子拣着软的捏，惹不起豪门权贵就乱咬人。

还有许多官员和百姓也都到皇帝门口申诉，汉灵帝就把被那些无辜被免的官员全拜为议郎，也算打了一棍子，又反手给一把甜枣。

但是，世道已然如此，豪门愈发嚣张。曹操算是看明白了，干脆捂住嘴，放下笔，爱咋咋的。

这口煮烧多时的高压锅，终于炸了。

有一个叫张角的人，创立太平道，信众多达数十万——乱世是道门盛行的土壤，人们没有活路的时候，就会向往天堂。

光和六年（183）夏，全国大旱，蝗灾四起。

张角果然造了反。

他将八州信众分为三十六方，大方万余人，小方六七千人；每方设一渠帅，由他统一指挥。中平元年（184），宣称“苍天已死，黄天当立；岁在甲子，天下大吉”。

次年，弟子告密，倒逼张角，提前起义，自称“天公将军”，命令信众头绑黄巾为记，史称“黄巾起义”。

一时间，烈焰席卷全国七州二十八郡，黄巾军势如破竹，震动京都。

朝廷惊慌，命令北中郎将卢植、左中郎将皇甫嵩、右中郎将朱儁带兵镇压。曹操被任命为骑都尉，带五千骑兵，协助皇甫嵩、朱儁两军在颍川作战。

皇甫嵩、朱儁带兵和张角的弟弟张梁、张宝对峙，大风刮起，风头直扑黄巾军的营地。官军每人带一把草，埋伏到二更天气，一声令下，燃起草把，直扑黄巾营地。黄巾士兵受惊散溃，曹操带兵一阵大杀。

这一仗，黄巾军死伤数万。皇甫嵩平叛有功，封都乡侯，曹操升为济南国相。

虽然黄巾起义的烈火终被扑灭，但是汉室威信大降，人们明白了一件事：这个庞大的汉家朝廷，原来也不是那么不可触碰。如果力气再大点，撞烂也有可能。

黑山、白波、黄龙、左校、青牛角、五鹿、于氐根、李大目、左髭丈八、苦哂、刘石、平汉、大计、白绕、司隶、椽哉、罗市、雷公、浮云、飞燕、白爵、杨凤、于毒等，势力大的两三万人，势力小的也有六七千人，由张燕率领的黑山贼甚至号称从者百万，如蚁多攀住象，这里咬咬，那里啃啃。

终于，中平五年（188），黄巾军的残部再度起义。原本黄巾军就分散在广袤的汉朝大地，如今此伏彼起，朝廷左支右绌。

汉灵帝采取了一招饮鸩止渴的法子。

——他可不觉得是鸩酒，他就觉得是荒漠甘泉，解渴美气！

中平五年三月，太常刘焉建议，把一部分刺使改为州牧——一州之牧，就是一州掌握百姓的最高长官，掌一州军政大权。而且这州牧由宗亲或重臣担任，这样就可以在一州之内运转得力，凝聚一州人力、物力、财力、军力，“进剿”黄巾军。

事实上，这是一种很冒险的权力下放。

历来封建社会都是中央集权，怕的就是国土广袤，诸侯割据，动摇国本。但是如今灵帝顾不得了，准刘焉所请——日后地方军政长官拥兵自重，群雄竞相逐鹿，这就是根。

当时的效果立竿见影，各州官军、各地豪强的私兵部曲，纷纷化为铁拳，訇然砸来，很快黄巾军就被砸得四分五裂，烟消云散。

就在天下大乱中，曹操一步一步成长起来了。

济南在东汉末年称“济南国”。

汉代实行的是郡国制，郡是直属中央管理的，而国则是分封给诸侯王的。一个封建王朝，下辖许多个“国”，是很正常，也很平常的事。

后来，汉景帝规定，诸侯王在自己受封的国内，只能收赋税收入，算是这个“国”的大地主。但是，治理“国”，他却没这个权力。

“国”由中央派“相”下去治理。

曹操就是被派去为济南相，就是被委派去治理济南国的。品秩二千石，副省级，地方要员。

那年，他才三十岁。

已经当了十年的官。

他在地方上当过县公安局长（或者派出所所长）、县长，又在中央当过天子的秘书兼顾问；也当过文职，也做过武将（骑兵师的师长）。

但是，他始终没有把自己当成一个老官油子。

当那些老官油子想给他下马威的时候，他也不肯俯首帖耳。

第七节　曹家国相初长成

曹操想：眼下时局看起来已经平靖，说不定朝廷中兴有望，那说不定自己可以做一个治世之能臣。

但是，现实总是很擅长给理想主义者甩大耳光。

当下的济南王是刘康，和济南国下辖的各地县官相互勾结，又和中央权宦交情密切。曹操一头撞进的是一面既柔且韧，重拳不能击之碎，绵掌不能轰之渣的蜘蛛网。

想施展理想？理想是什么东西，能吃吗？

当这些人听说曹国相来此走马上任，他们满脑子想的是怎么给他一个下马威，或者拉他入伙，或者驱他出境。

他们没想到曹操这小子这么狠辣。数月调研，突然出手，十个县官中的八个都被他拿下。

这下子炸了营。

有找曹操求情的，有跑朝廷求告的，有请济南王刘康出马的，可是刘康也没办法——他的权柄管不了国相。

百姓欢声雷动——这些县官作的孽也够了，贪污受贿的，滥支冒领的，瞎征税费的，给黑恶势力当保护伞的，鱼肉百姓的……

个个有罪，就看有没有人敢捋这把虎须而已。

曹操就敢。

他从小就敢闯人家权宦的卧室，又抢别人家的新娘子，又敢晃点他

▲ 曹操借刀杀董卓

叔——间接地晃点他爹，反正从小就不是什么老实孩子。

如今的曹操，怀揣着理想主义，想要澄清积弊已久的吏治。

问题是，哪那么简单。

有人的地方就有左中右，有的人地方就有进击和退让，阴谋和阳谋。好汉是不吃眼前亏了，但是，暗里还不能给你使绊子、打闷棍?

检举曹操的材料飞如雪片，飞上青州刺史和御史们的案头。

曹操不搭理这个。

他手头有事要做。

济南地方，淫祠淫祀之风甚盛。

淫，泛滥的意思，所谓淫雨绵绵，就是雨水下个不休。淫祠，就是给人立祠以祀过了头，成了歪风邪气。

汉初吕后临朝称制的时候，刘氏被吕氏欺负得没边儿。

这时候，刘邦的孙子刘章入卫京师。吕后封他为朱虚侯，还把侄子吕禄的女儿嫁给他。

刘章很开心地接受了，吕后觉得这小子不赖。

一天，吕后举办酒宴，让刘章当酒吏，刘章请求以军法来主持酒会。这时候一个吕氏族人喝得有点醉，想逃席，被刘章一剑砍死。吕后吃了一惊，却又不好反悔治罪。从此吕家的人都怕他，刘家的人都爱他。

吕后临死封吕禄为上将军，掌握中央军队的北军，另一个侄子吕产掌握中央军队的南军。

这两个人想谋反，消息被刘章从自己的老婆那里得知，他赶紧通知消息。最终周勃和陈平设计诓走了吕禄，重新掌握北军。刘章则一马当先，闯入皇宫，杀死吕产，夺了南军的指挥权。

此后，他配合太尉周勃，捕杀吕氏族人。

汉文帝登基后，刘章平吕氏有功，被封城阳王，两年后去世，死时年仅二十三岁。好像他的一生，就是为的把原本已经摔下马的刘氏政权扶上去，再送一程。

因为他的功业，所以他被看作大汉王朝的保护神。死后，城阳国为他立庙祭祀，后来，青州等地纷纷效仿。

随着大汉王朝的摇摇欲坠，人们迫切希望能出一个救世主的心情也日益迫切，于是给刘章到处立祠，焚香祝祷。一时之间，淫祠之风大盛。

济南国一国之内竟有600多处祠庙，每逢祭祀，一些商人坐着两千石的高官才能坐的车，穿上国相、太守才能穿的衣服，歌舞艺人边跳边唱，排场越来越大，花钱越来越多，有些祠庙打着给百姓祈福、禳灾、祝祷、祛病的旗号，欺压百姓，鱼肉乡里。

曹操下令禁止再建新祠，已建的祠庙如果不好，也要拆掉。

霹雳心肠，雷霆手段，一时之间，济南国内淫祠之风几不可见。

大凡官场腐败，脱不开两件事：一是党同，一个伐异。

党同不必说，立场一致、利益相关的人组成一个小团体，战斗力是相当强悍的。

在这种情况下，如果出现一个异类，会让他们浑身不舒服，因为看见此人，就照见了自己的阴暗和不堪。所以，别说一定会触及他们的利益，就算触及不到他们的利益，他们也会把他拉下马来。

曹操不幸成了一个异类。

除了济南国的这些人惊动了朝廷，要派人查他之外，还有人造谣说他马上就要被撤职查办，兔子的尾巴，蹦跶不了几天，撒不了多长时间的欢。

然后，他接到一封信。

他爹给他写的，事儿大了。

曹嵩说，蹇硕一直没忘了曹操把他叔叔给活活打死的事，当时没找着机会报仇，心里一直想着。如今告曹操黑状的人越来越多，他要多攒证据，力争一下把曹操搞死。

——既要搞死曹操，曹操背后的曹氏家族，必定也会被蹇硕等人打残，否则难道不怕曹家找他算账吗？

所以，曹氏家族，满门遇险。

罢了。

曹操认输，称病请求回洛阳。

孤始举孝廉，年少，自以非岩穴知名之士，恐为海内人之所见凡愚，欲为一郡守，好作政教以建立名誉，使世士明知之；故在济南，始除残去秽，平心选举，违忤诸常侍。以为豪强所忿，恐致家祸，故以病还。

——《让县自明本志令》 曹操

第八节 一触即发

中平二年（185），曹操回洛阳，继续担任议郎，品秩六百石。比起一国之相来，这可算是个大大的闲官儿了。

中平四年（187），朝廷又任命曹操做东郡太守，他不愿去，托病回了家乡，整年不出，在谯县东面五十里的地方建了一学社，打算在秋夏读书，冬春打猎，只希望得到一点瘠薄的土地，想老于荒野、不被人知，断绝和宾客交往的念头。

明摆着是想往名士的方向走了。

不过，曹操辞官那年，才三十二岁。正当壮年，年富力强，所以他钟爱兵法。赋闲的这一年，他给《孙子兵法》作了详细的注解。

他格外重视《孙子兵法》中的“机诈”。说到底，这个和人品没关系，只不过在战争中、战场上随机应变的能力，胶柱鼓瑟不是本事。对孙子的诡道十四变，曹操是这样注的：“兵无常形，以诡诈为道。”这也就是后世人所说的“兵者诡道”。

除此之外，他还练马术、剑术、箭术、战术。他的心头血始终是热的。

中平四年（187）冬，卞氏生下曹丕。

此时曹操的长子曹昂已经十来岁。

这一年，父亲曹嵩则花钱把自己买成了太尉，只不过只当了半年就被免了。

曹操虽然现在不做官了，但是政界却留下他的传说。

中平五年(188)，曹操收到一封密信，写信人是许攸，他和曹操、袁绍是少年好友。

他来信，是劝曹操造反的。

已故太傅陈蕃之子陈逸在冀州刺史王芬属下任职。这天，两人被一个术法师煽动，想要迎立新君，做开朝忠臣，于是一边结交各路英雄豪杰，一边上书天子，打着“围巢”黄巾余党的旗号，请求招兵买马。

天子准备回家乡河间国探亲，王芬想乘机劫了他，改立合肥侯为新天子。

所以许攸想拉曹操加盟。

曹操有功名心吗？肯定有。关键是，他认为这个险不值得冒，所以反复思量几天后，他回信拒绝了王芬。

王芬在曹操那里碰了壁，又暗地里呼叫名士陶丘洪、华歆等人，一同谋事。华歆制止了陶丘洪，说：

“这废立皇帝的大事，伊尹、霍光都感到棘手困难。王芬性格疏忽而且不擅统军，这件事一定不会成功，而且还将牵连家族妻儿，你千万不要去！”

王芬想举大事，却少人应。他请求皇帝允准他起兵攻打黑山黄巾军——醉翁之意不在酒，在乎皇帝身上也，结果正赶上北方有赤气，自东而西，横贯天际，太史上言：“当有阴谋，不宜北行”，皇帝就不动身了。

然后，皇帝命令王芬罢兵，不久又征召他入京。王芬吓死了，干脆自杀。

对于曹操来说，这件事就算过去了。

不过，老天爷不会满足于只让他当一个名士的，他自己也不会满足。

所以即使他不找事，事也会找他。事不找他，他也会找事。

王芬虽然谋逆不成，但是想造皇帝的反的人按下葫芦起来瓢，比如凉州韩遂、马腾，就起兵叛乱，矛头直指京城。

朝廷震恐，汉灵帝决定在洛阳西园建立中央禁卫军，共分五部：上军、中军、下军、典军、助军。

蹇硕为上军校尉，节制五军；袁绍为中军校尉，曹操为典军校尉。

——到底是不能安生啊。

好在曹操也没想着咋安生，他当年已经三十三岁，人生大志是能当上征西将军，死了以后，墓碑上刻“汉故征西将军曹侯之墓”，就心满意足了。

所以，他就快快地去洛阳报到了。

他是梦想着能够带兵出征，安邦定国的，可是来到京城，做了典军校尉，才知道连个出兵的计划都没有。宦官集团自觉受到威胁，无非是想借皇帝的力量，组建军团，扩大军权，更有效地把持朝政罢了。

宦官所受威胁来自何皇后的亲哥哥，大将军何进。

何进的爹是屠户，干的是杀猪宰羊的营生。何进的异母妹妹入选为贵人，受汉灵帝宠爱，所以何进被拜为郎中，后来升为虎贲中郎将，出为颍川太守。

何贵人立为何皇后以后，何进拜侍中、将作大匠、河南尹。

黄巾之乱爆发后，汉灵帝任命何进为大将军。身边人才聚集，一时权倾朝野。

何进以大将军的身分征召和举用了袁绍和刘表。中央禁卫军的五军校尉中，中军校尉袁绍是亲何进的；助军左校尉赵融也投向袁绍一方，自然也是亲何进一派。

这样一来，宦官一方和何进一方拉开架式，战斗一触即发。

何进一方的势力和蹇硕一方的势力论起来，有点不分伯仲，但又各有利弊。

何进是大将军，统领全国兵马，看起来更强势，实际上有点远水难解近渴。一旦近身有变，来不及振臂一呼令符出，自己就被砍瓜切菜。

蹇硕统领皇室的护卫军，若何进有异动，只要求皇帝一纸诏书甚至一道口谕，就能蜂拥而至，乱拳打死老师傅。但是，若以长远论，蹇硕的皇室护卫军当然干不过全国兵马。

所以，孰是孰非不论，孰强孰弱也不分明。双方一触即发，也需要一个导火线，否则，可能会一直维持一种摇摇晃晃的平衡。

但是，很快导火线就出现了。

第九节　宫乱

中平六年（189），汉灵帝刘宏病危。

双方都着急了。

你也偷着召人开会，我也偷着召人开会。

何进赶紧和妹妹何皇后商量，立刘辩为新天子。

刘辩是何皇后亲生，还是个十二三岁的少年。立他为天子，皇权基本上就成舅舅何进的了。杀太监！除他们的兵权！把他们全部干掉！

还有一个皇位候选人，是灵帝的次子刘协。

刘协生母王美人被何皇后用药酒毒杀，汉灵帝把刘协送到董太后处抚养。

灵帝不大想立刘辩为太子，觉得这孩子撑不起国家这副担子。次子刘协虽然才八岁，但是聪明好学，是个好苗子。

可是，刘协比不过刘辩的出身：既是嫡出，又是长子。皇帝真要废长立幼，废嫡立庶，大臣非炸了锅不可。

再者，何皇后和何进掌握着全国兵马，立了刘协，又能顶什么事。

汉灵帝到这时候才发觉左右为难，可是发觉左右为难却已经无力回天。当皇帝也当得满心无奈，临死都不能安心闭眼。

最终灵帝和大太监蹇硕密商，叫他拥立刘协为帝。

蹇硕连策略和步骤都筹划好了：灵帝一死，先除何进。只剩下何皇后这一个深宫妇人，到时候立刘协为帝，轻轻松松。稳。

四月，灵帝崩逝，时年三十四岁。

骞硕马上召何进进宫议事——这是他的地盘，他早在宫内埋伏武士，何进一来，立马干死。

何进没脑子，急匆匆就要进宫去，结果在宫门前遇见故旧司马潘隐——潘隐在蹇硕手下当差。

此时可有音乐，悠远而诡秘，有鼓声似从天外滚滚传来，如同隐雷。潘隐长长一揖："大将军欲何往？"

何进雄赳赳气昂昂，满面严重气色："进宫议事。"

潘隐满面和悦："大将军好走。"眼神却冷厉，脑袋轻摇：万不可去。

何进一惊，马上想到皇宫大内盘踞的是谁，转身归营。

何进未除，刘辩当然顺理成章上位，史称少帝。

这下子，轮着何进反扑死太监了。恰好袁绍回京，二人一同谋划计议。

蹇硕执掌京师兵权，首当其冲。

下面就轮着张让、赵忠、夏恽、郭胜、孙璋、毕岚、栗嵩、段珪、高望、张恭、韩悝、宋典十二个宦官。他们都任职中常侍，个顶个的不是东西，把持朝政、收受贿赂、结党营私、排除异己。

蹇硕也是个没脑子的，被何进派人诱骗入宫，一刀砍死。何太后又让哥哥一并除去抚养刘协的董太后。这场宫斗，蹇硕被杀、董太后暴亡、董太后的哥哥骠骑将军董重自杀。

张让等人为了保命，拼命贿赂何太后的妈妈和何进的兄弟。

何进一看妹妹力保宦官，他也发愁。这时候，袁绍献计，召请四方各处的猛将豪杰，带兵进京，以兵势胁迫太后，除掉宦官。

驱虎吞狼。

当主簿陈琳和典军校尉曹操说起这事的时候，曹操就笑了：

"想治罪的话，除掉宦官的头脑就成了，总不能把他们全杀掉。限制他们的权力，不使他们权倾朝野就好。若是召京外兵马除乱，我怕的是除狼进虎，祸患更是不小。”

陈琳说：“谁说不是呢。可是大将军不听我的谏劝，如之奈何。”

曹操又叹一口气：“不识时务，他自己找死，你我能有什么办法。”

西凉刺史董卓统领大军二十万，内赂宦官，外结朝臣，本来就有不臣之心；如今接到召他带兵进京的诏书，一蹦多高，即日进发京师。

百官力谏，猪脑子的何进不听。

何太后想要保护宦官，也力劝何进，何进只好派人下诏，让董卓不要进京。

晚了。

董卓拒不受诏。

同时摆出一副为国尽忠的嘴脸，上书请求诛杀宦官。

何太后舍不得下手，何进也是左右为难，犹豫再三。

袁绍无奈，竟然假托是何进的命令，派州郡长官捉拿宦官亲信。宦官一听就炸了营，何进也被架在火上，入宫去见何太后，要求尽快诛杀宦官。

何太后也犹豫再三。

何进悻悻而退，这下子，可就退出人间了。

张让、段珪等太监早设下天罗地网，派人召回何进，假说是何太后请他议事。结果何进回转身，一踏进殿门，就被张让一声令下，乱刀齐出，何进被斩，首级被削。

一霎时宫中大乱。

段珪矫诏，免袁绍、王允的官职。百官生疑，急忙到宫门外，请大将军何进出宫议事。结果随着一声大叫：“何进谋反，已伏诛”，一颗血淋淋的人头扔出来。

大将军营得到消息，众将士抄家伙直奔宫门。

袁绍也和弟弟袁术带兵驰援。

皇家禁地，翻成宰狗屠羊的菜市场，兵丁一把火烧开，整个皇宫火焰翻卷。

张让等人干脆一不做，二不休，挟持天子刘辩、陈留王刘协，抄小道逃出宫门。

袁绍、袁术哥儿俩攻入宫禁，见太监就砍。袁绍命人把住宫门，有不长胡须的，一律格杀。刀光闪处，三千余人命丧黄泉，血流成河。天生无须的倒了大霉。

第二章

已有蜻蜓立上头

第一节　后门去狼，前门进虎

张让、段珪劫持刘辩、刘协，簇拥着一路行来。

这群人逃到黄河边上，前行无路，后有追兵，张让等哭着向少帝刘辩告别，投水自尽。

董卓遥望洛阳火光冲天，挥军急进。

北芒阪下，董卓和皇帝刘辩一行人相遇。

至此，十常侍全部身死。群狼已除，又来恶虎。

董卓是陇西临洮人，少时就不安分，又和羌人结交。长大后在陇西郡府做官，领兵大破匈奴。

一路宦海升沉，汉灵帝病重时，下诏拜董卓为并州牧，并且让他把军队转交给皇甫嵩。董卓把这个州牧的职位笑纳了，却不肯交出军权。皇甫嵩给他向朝廷告状，董卓对皇甫嵩更加怨恨。

灵帝驾崩后，何进和袁绍私招董卓领兵进京，董卓巴不得一声，立马动身。哪怕半路被何进阻止都不成，爷来了就不走了。

董卓半路遇见出逃的皇帝，刘辩直接吓得大哭起来。

迎回队伍中一个官员叫董卓回避，董卓身后强将强兵，回避个锤子："我日夜兼程跑了三百里路，你现在说什么回避！"

接着，他又反问大臣："诸位公卿身为国家大臣，不能匡正王室，致使国家动荡，天子流落在外，你们哪有让我退兵的理由！"

随后他来到跟前，拜见皇帝，又想从闵贡怀里抱陈留王刘协，刘协扭动不肯。

一路上，董卓询问事变经过，小皇帝嗫嚅着说不清楚，倒是小他几岁的刘协口齿清亮。董卓知道他是由董太后抚养长大，算是在自家老董家长大的孩子，当然希望他当皇帝啦。所以，当时他就有废旧立新的意思了。

进京后，董卓收编了何进、何苗两兄弟的军队，吞并了张辽等并州军队，又收获虎将吕布。吕布原为执金吾丁原的义子，贪图董卓给他的财帛富贵，杀了丁干爹，认了董干爹。

董卓还拉拢曹操，把他任作骁骑校尉。曹操看董卓骄横跋扈，不似英主，就逃了。

—— 一个追求，一个逃跑，演绎到《三国演义》里，就成了一出精彩的献刀故事。当年我们政治老师，女，当时年纪大概三十岁，高大胖壮，鲜眉丽眼，给我们演绎：

她面朝黑板，背对我们，然后“锵”猛一个转身，冷冷逼视全班同学，好像我们都成了拔刀出鞘的曹操：

“曹操，你干什么！”

然后躬身屈背，双手平举，自说自话：“丞相，某得宝刀一口，特来奉献。”

董卓接过来一看，好刀哇，好刀。来呀，跟我去看我新得的宝马。

曹操又躬身屈背，双手抱拳：“恩相，我能不能试骑一下？”

董卓肥胖的大爪子一挥：“准。”

于是曹操骑上宝马，一溜烟逃了。

董卓在吕布的提示下回过味来：献刀就献刀，干什么要拔出刀鞘来献？这其中有鬼。给我去追。

但是就追不上了。

这一段史实无载，大约就是演义。不过曹操是真没有留在董卓身边的意思，董卓太疯狂了，这是在作死。

曹操看似粗豪，实际上是相当精明与谨慎。再说了，董卓造那么多的孽，他实在看不上。

所以，他向董卓告了病假，派从弟把父亲移居徐州。

说起曹操的爹，这个人出身不高，待人也谦逊。虽然做过高官，也花高价买过太尉，但也并没有造什么大孽。不到半年，免职还乡，算是无功无过的一个人。比起当官，他倒更享受田园生活，也没有曹操那样的雄心大志。

把老父亲安排好，也不管老婆娃了，曹操当晚孤身出逃。

袁绍也走了——董卓和他商量废旧立新，他不同意，弃官逃到冀州渤海郡。

袁绍的弟弟袁术也逃了，弃职投奔南阳。

这哥儿俩出身高贵，家族根基庞大，董卓不愿意招惹，跑了就算跑了。

曹操他是惹得起的——人家现在可是自封的丞相哦，朝中大权，他一人独揽哦。天下还有谁比我更牛吗？

所以他立刻派兵追捕，行文各州县，通缉曹孟德。

于是，各种各样的风声就来了。有人传说曹操死在了外面，曹府上下，一片混乱，他的那些部下都想一哄而散。

妾室卞氏不顾自己是个女人，走出内室：

“曹公凶吉未定，有朝一日，如活着回来，我们有何面目见他？如果真的大祸临头，大家一块去死，有什么可怕！”

这些无头苍蝇又有了一个雌性头领，大家乘董卓兵士不备，护着卞氏离开洛阳，回到了故乡谯县。

第二节 杀杀杀

这天，曹操东行，走到成皋附近，想起吕伯奢是父亲的好友，于是要去上门探问，结果吕伯奢正好外出访友。虽然吕伯奢的两个儿子在家，但是曹操拿不准他们的品性，既怕连累他们，又怕他们告密，所以干脆快马加鞭，文不加点，直接走掉了。

——这是一个说法，相对温和。

但是，在历史上，这却是曹操一个绕不开的污点：

他到底杀没杀吕伯奢一家?

按照《三国演义》的情节，曹操逃亡路上，还收了一个迷弟：中牟县令陈宫。他恨董卓无道，所以就自然觉得反董卓的人是有道，所以就挂印封金，跟着曹操一起逃了。

然后就来到了吕伯奢家的庄子上。

吕伯奢一见故人之子，高兴坏了，还替曹操拜谢陈宫呢："小侄若非使君，曹氏灭门矣。使君宽怀安坐，今晚便可下榻草舍。"出门给他们打酒买菜去了。

然后呢，曹操就听见了庄子后边传来磨刀的声音，曹操属狐狸的，天生多疑，就怕有鬼，和陈宫偷偷去到草堂后边，只听人说："绑起来杀掉吧？"

曹操一听，有一种恍然大悟的明悟：这就对了！如今要不先下手，就被人捉了！和陈宫拔剑突入，不问男女，一剑一个，连杀八口。搜到厨下，却见一头猪被绑起来要杀掉。

——杀错人了。

二人出庄上马，好死不死的，又遇见吕伯奢打酒买菜归来，曹操当然不肯再跟他回家，催马急行，没走几步，回头来又是一剑，把吕伯奢也砍死在驴下。

陈宫大惊：刚才已经杀错了，如今你怎么又杀？

曹操说：不得不杀，否则他一家被我们灭门，怎么肯善罢甘休？如果率众人来追，我们就祸事了。

陈宫说这就不仁义了。曹操说："宁教我负天下人，休教天下人负我。"

这是重点，画起来，要考。

那么，这事到底是不是真的？

《魏书》载：

> 太祖以卓终必覆败，遂不就拜，逃归乡里。从数骑过故人成皋吕伯奢；伯奢不在，其子与宾客共劫太祖，取马及物，太祖手刃击杀数人。

《魏书》是以曹魏为正统的，当然不可能给他们曹魏的太祖抹黑。既然不能给太祖抹黑，那太祖杀的人就是黑的，所以这事儿就被处理成了反抗谋财害命的强盗的正当防卫。

但是，曹操杀人是真的。

《世说新语》载：

> 太祖过伯奢。伯奢出行，五子皆在，备宾主礼。太祖自以背卓命，疑其图己，手剑夜杀八人而去。

《世说新语》挺不客气，就说曹操多疑，又正当被董卓追捕，风声鹤唳，精神极为紧张，所以怀疑吕家会告密，干脆一杀了之，这次连人数都有了：八个。

《杂记》载：

太祖闻其食器声，以为图己，遂夜杀之。既而凄怆曰："宁我负人，毋人负我！"

《杂记》则透露了曹操的精神活动，虽然他是杀了人了，虽然他是说出这句"宁我负人，毋人负我"的名言的，但是，人家也是很"凄怆"的。所以，潜台词是：大家该原谅还是原谅他吧？毕竟人家也是被逼无奈的。

总之，曹操杀人了。灭了吕伯奢满门。

至于陈宫，不是此时才成为曹操的迷弟，他们早就认识。

陈宫本来在吕布帐下任首席谋士，年少时就与海内知名之士相互结交。

192年，兖州刺史刘岱在讨伐青州黄巾时战死，陈宫等人就主张曹操接任兖州牧。因此一事，被曹操视为腹心。

他也不是因为曹操杀了吕伯奢一家而背弃曹操，是因为曹操杀害边让等名士才与曹操反目，辅助吕布攻打曹操。后来吕布战败，他也跟着一同被曹操抓起来，决意赴死。

曹操确实从中牟县经过，中牟境内一个亭长发现曹操行迹可疑，把他扣住，扭送县衙。县令虽然接到董卓的通缉令，也没想到这家伙就是曹操。倒是他身边的功曹把曹操认了出来，但是他又不想抓：天下大乱，英雄豪杰能多一个就别少一个了，所以他劝县令："以世方乱，不宜拘天下雄儁。"

县令想想是这么理儿，好吧，放了。

于是曹操就逃出一条命。

这下子可吓得他不轻，一路快马加鞭，来到离家乡不远的陈留郡。

他不走了。

尚有宏图未展，大志未伸。

第三节　一入江湖岁月摧

且说董卓。

他真的废旧立新了。朝堂之上，拔剑在手，命走狗李儒宣读废帝策文，然后命令左右，剥了他的龙服，解了他的玺绶，北面长跪，称臣听命。

又派人把何太后的服饰也剥了，玺绶也缴了。帝后号哭，群臣悲惨。

有那看不上气不忿，想上来揍董卓的，被斩了。

然后他立了八岁的陈留王刘协为帝，是为汉献帝。新帝之下，万人之上，“赞拜不名，入朝不趋，剑履上殿，威福莫比”。

旧帝刘辩即便被废，也活不下去，他不能被当成某些人反董卓的旗帜。所以，“关东兵起，共讨董卓。董卓置弘农王刘辩于阁上，使郎中令李儒献上毒药，刘辩不肯饮，董卓等强逼之。于是，刘辨与妻唐姬及宫人饮宴做别后，饮药而死”。(《后汉书》)

董卓又将何太后迁到永安宫，后照猫画虎，毒死何氏。

董卓往作死的路上越走越远了：

每夜入宫，奸淫宫女，夜宿龙床。

带兵出城，遇村民社赛，男女皆集。董卓命军士围住，男的全杀光，女的都抢走；财物装满车，车下挂一千多颗人头。大车一辆接一辆回到京城，扬言杀贼大胜而回。在城门外烧了人头，给他麾下军士分了财物和妇女。

何太后下葬的时候，要开汉灵帝的陵墓合葬，他派人偷了墓里陪葬的宝贝。

他自拜相国，封郿侯，封自己的母亲为“池阳君”，又设置令、丞。

侍御史扰龙宗拜见他时忘了解除佩剑，董卓下令将他活活打死；又派人杀了何太后的母亲舞阳君，把何太后的弟弟何苗的遗体从坟墓中挖出来肢解，扔在园林中。因为厌恶大司农周忠的儿子周晖，派兵把他劫杀。

全国人民都恨他，感谢他把东汉的一片散沙拧成一股绳了。

曹操跑到了陈留。

陈留是个大郡，距离洛阳有530华里，在东汉全盛时期有17万多户，总人口八十多万。

陈留郡太守张邈，原来和曹操、袁绍都是好友。

陈留郡隶属兖州，当时的兖州刺史刘岱是反董卓的。所以，曹操抵达陈留就不用再逃了——他当年因为表妹夫宋奇被杀，因而受牵连解职还乡，就是在陈留闭门读书。认识不少当地的豪门子弟。

曹操拜见了陈留太守张邈，张邈赞成他招兵买马，反抗董卓。于是，他和从弟曹洪开始变卖家产，当地富豪也出资帮他，一个叫卫兹的孝廉，家财万贯，极其厌恶董卓专权，尽散家财，雪中送炭。

曹操竖起招兵义旗，饥民三千，应募而来。

曹操麾下的干将夏侯惇和夏侯渊，也是此时加盟——他们和曹操原本就是世交好友。

还有大将乐进和李典，也是此时慕名来投。

从弟曹洪、曹仁也带两千人从谯县和江淮来到陈留。

曹操麾下，有了五千人马。

中平六年（189）十二月，天寒地冻，大雪纷飞，曹操举起第一面勤王大旗，从陈留出发。

他当时三十四岁。

天下英雄出我辈，从此一入江湖岁月摧。

董卓想笼络袁绍，封他做渤海太守，他不稀罕。他劝说冀州牧韩馥，联络关东州郡，也于次年正月，紧随曹操其后，共同声讨董卓。

应和者众。

袁绍是北方最大的豪强，大家公推他做盟主。袁绍自称车骑将军，再以朝廷名义，分封其他各将。曹操被授予奋武将军一职。

三路反董大军：酸枣联军包括兖州、豫州两路人马；河内联军为冀州人马；鲁阳联军为荆州人马，如三支利箭，直指董卓心窝子。

董卓慌了，下令迁都。

从原来的都城洛阳，迁到长安。

大约是罗贯中讨厌李儒这个人，所以把他描写成了一个白鼻子小丑，跳踉在董卓左右：劝说董卓迁都长安的是他，劝说董卓大开杀戒的也是他。

李儒献计："如今钱粮缺少，洛阳富户极多。我们可以抄了他们的家产充公。凡是袁绍等人的门下，杀了他们的宗党，抄了他们的财货，所得必有巨万。"

于是，洛阳城内，铁骑奔腾，五千兵马抄着家伙，一家家捉拿将来。几千户人家都被双臂反绑，背插白旗，旗头大书"反臣逆党"，一刀一个，斩于城外。金银财货，尽归董卓。

然后，李傕、郭汜等人驱赶着几百万洛阳百姓，扶老携幼，拖儿带女，从洛阳奔赴长安。一队百姓间隔一队士兵，互相拖押。走不动的，不要了；不肯走了，杀掉了；死了的，往路边沟里一推，腐烂去吧。

军士如魔鬼，淫人妻女，夺人粮食，啼哭之声，震动天地。

有那舍不得的，偷偷回望，洛阳城内，浓烟滚滚，遮天蔽日。董卓施行的是真正的“三光”政策：抢光、杀光、烧光。

汉家皇帝和后妃的陵寝都被吕布掘开，金珠拿走；军士不甘示弱，出没于官民坟冢之间，一锹锹刨开，金银财物拿走，尸首骸骨扔一地，野狗逡巡，只待人走，便大快朵颐。一个个被刨开的坟墓，是一张张向天张着，发不出声音的嘴。

董卓装着几千车的金珠财宝，劫了天子后妃，到了长安。

汉献帝刘协入主长安未央宫，董卓为了对抗关东联军，留守洛阳毕圭苑中。

长安朝廷想劝袁绍和袁术哥儿俩罢兵来着，可是二袁不搭理使者——因为袁绍起兵，董卓杀了袁绍的叔叔太傅袁隗、太仆袁基及其他袁家老小，连怀抱中的婴儿，一共五十余口。

董卓有本事，与全天下为仇。

千夫所指，他还不死。

第四节　你们不动，我动

曹操属于酸枣联军，自家没有地盘，给养也仰赖陈留郡守张邈接济，在讨董联盟里，算一个不大不小中不溜的卒子，看着袁绍众星捧月，天下归心，不免郁闷，作诗一首：

薤露

曹操

惟汉二十世，所任诚不良。沐猴而冠带，知小而谋强。

犹豫不敢断，因狩执君王。白虹为贯日，己亦先受殃。

贼臣持国柄，杀主灭宇京。荡覆帝基业，宗庙以燔丧。

播越西迁移，号泣而且行。瞻彼洛城郭，微子为哀伤。

汉朝自建国到现在已是二十二世，所重任的人（何进）真是徒有其表。猴子虽穿衣戴帽，可究竟不是真人，（他）智小而想图谋大事。

做事又犹豫不决，致使君王（少帝）被劫。白虹贯日是上天给人间的凶兆，这应验在君王身上，而（何进）自己也落得身败名裂的下场。

乱臣贼子（董卓）乘着混乱之际操持国家大权，杀害君主，焚烧东京洛阳。汉朝四百年的帝业由此倾覆，帝王的宗庙也在烈火中焚毁。

（献帝）被迫着西迁至长安，一路上迁徙的百姓哭声不止。我瞻望着洛阳城内的惨状，就像当年微子面对着殷墟而悲伤不已。

薤，就是我们现在所说的野蒜，也叫小根蒜。长在田间野地，牛羊不到的地方——若是牛羊到，必定给吃掉。潮润润的绵土上一缕缕细细柔柔的长叶，底下一簇一簇白白的小蒜头，大小不及指甲盖。一锹下去，扬臂一扣，叶子在下，蒜头露出，香气袭来。

野蒜细茎如针尖，那夜露挂在茎上，也不过大小如针尖欤！日光一烘，霎时无踪，不由人慨叹人命如薤命，恰如《薤露》诗："薤上露，何易晞！露晞明朝更复落，人死一去何时归。"

恰逢济北相鲍信来见，曹操忙出门迎接，向他诉说心中忧伤。鲍信开解他："别愁。不是人人都像你一样有计谋，也不是人人都有能力像你一样拨乱反正。才干小而地位高，目前再强大也没用。他们是上天派来为你开路的。"

董卓背后是凉州军团，又野蛮又剽悍。反董集团里每个人都想着让别人和董卓硬杠上，自己在后边敲边鼓、捡洋落儿。

都想占便宜，就没便宜可占了；都怕吃亏，就都吃了亏了。

曹操苦口婆心地劝："咱们发动义兵，诛杀凶徒，大军齐聚，还有什么可迟疑的？董卓要是不迁都，困守洛阳，发兵征讨，咱们会吃大亏也说不定；但是现在他迁都了呀，而且是这么暴力的方式迁都，四海震动，尽失人望。这是老天爷要灭他的节奏，咱们出手他就死定了。"

还是没人肯动。

他急眼了："你们不动，我动。"

当天夜里，曹操叫上夏侯惇、夏侯渊、曹洪、曹仁开会，决定单独出兵。次日，曹操带人离开酸枣，向西出发。

张邈也和大家一样，不愿意出兵，不过他还是派卫兹带了一千人去给曹操帮忙。

鲍信也带了他自己招募的五千人马和曹操一起西进。

曹军行至荥阳汴水，和来阻击的董卓部将徐荣打了一架，输了。

兵员少，又都是新兵，还没有外援，士兵死伤累累。

曹操肩上中了一箭，被伏击落马。曹洪驰马而来，砍死敌兵，跳下马，把曹操硬推上去，自己跟在马后跑，兄弟二人向外突围。

跑不多远，迎面又是一队士兵，完了，腹背受敌。

曹操心头遗憾：还没开始呢，就完蛋了。歌刚起了个音儿，就被掐了。

正怅恨间，迎头士兵大叫"曹公"。曹操一看，原来是卫兹的部下——卫兹战死，他们群龙无首，幸遇曹操。

一行人逃回酸枣。

回来一看，曹操鼻子差点气歪：这叫什么事！这些联军头头，天天你喝酒来我喝酒，你开宴来我开宴，这是打仗啊，还是郊游？

袁绍好心，设宴给他解闷，这个闷可是解不了，诸人各怀异心，能成什么事。

曹操干脆带兵转奔扬州，希望能在那里补充兵员。

曹操在扬州募了四千多人，却因为新兵叛乱，火烧营帐，大半逃散，到最后跟着曹操的，只剩下五百多人。

人跑了，继续招。后来又招了一部分，加上曹洪的家兵和打仗剩下的老兵，一共有三千多人。曹操带着他们再度北上。

这次，他不再回酸枣了，过黄河，赶到河内，直接投到盟主袁绍帐下。

至于酸枣那里，粮草吃完了，各路军心也就散了，都拔了营。

第五节　荀彧来归

曹操在袁绍处颇受优待，但是袁绍就是不肯出兵，曹操就一个劲想出兵。袁绍问了一句："如果失败了，我们去哪儿安身？"

曹操反问一句："你有何打算？"

袁绍高兴了：上道。他说："我想立皇室宗亲、大司马刘虞为帝。"

曹操一听，怒了。也没当场掀桌子，他说，我回去想想。

回来之后，愈想愈怒，给袁绍写了一封信，史称《答袁绍》：

董卓之罪，暴于四海，吾等合大众、兴义兵而远近莫不响应，此以义动故也。今幼主微弱，制于奸臣，未有昌邑亡国之衅，而一旦改易，天下其孰安之？诸君北面，我自西向。

曹操旗帜鲜明地亮出立场：董卓这么残暴，我们起兴兵是为个啥？你们去另立新君吧，我是要扶助幼主的。

曹操不支持袁绍，弟弟袁术也不支持他。

——袁绍和袁术既是亲兄弟，又是堂兄弟。

裴松之注《三国志》引《魏书》载："绍即逢之庶子，术异母兄也，出后为成子。"

就是说，他们两个都是袁逢的儿子，袁绍年长，袁术年幼。但是袁绍是庶出，袁术是嫡出。所以袁术就不大看得起袁绍——你是小老婆养的。

后来袁绍过继给了伯父左中郎将袁成。袁术更加看不起袁绍。

作为嫡子的袁术继承了袁家的大部分资源和势力，董卓为了拉拢袁家，册封了袁氏两兄弟。袁术被封为后将军，而袁绍则被任命为渤海太守。

刘备混了大半辈子才捞到一个后将军，袁术刚出道就挂上了后将军的头衔，起点甩曹操、孙坚和刘备几条街，袁绍也没得比。

所以，袁术打的主意是，自己当皇帝。

至于刘虞本人，也不支持他——他是坚持不想自己当皇帝。

好尴尬呀。

董卓那边，打败了曹操，又打败河内太守王匡的军队，又打败领荆州、豫州军北上雒阳的孙坚。

不过孙坚后来打败了董卓手下的胡轸和吕布，算是扳回一城。

董卓指使长安朝廷封自己为太师，地位高于各刘姓诸侯王。

这是标标准准的一人之下，万万人之上——不对，就连皇帝都听他的，他是实际意义上的太上皇。

不过，他还是有点怕孙坚，所以派李傕去劝降，甚至想和孙坚结为儿女亲家。

孙坚才不搭理他这个茬儿：老贼，给我死远点！

董卓倒没有死远点，而是带兵和孙坚在洛阳附近硬打了一仗，结果败走长安。

时间拖得越久，所谓的讨董义军越分裂。这些关东豪强只是因为一个口号暂时联合，其实少有真正为国为民的家伙。本来老百姓就因为董卓迁都，搞得天下大乱，民不聊生，这些讨董义军的将领还今天你打我，明天我打你，你争我夺，这些都是拿人命去填的。

满地荒凉，少见禾稼，多见蒿草。

曹操既迷茫，又失望。

乱世之秋，出来一个人。

姓荀名彧字文若，颍川颍阴人。

荀文若的祖上世代为官，他本人也才华横溢。当世人物评论家何颙称他有辅佐帝王之才。

当年董卓初进京时，他是守宫令，主管御纸、笔、墨及尚书财用之物，见势不妙，赶回家乡要疏散群众：

“如今天下大乱，此处乃兵家必争之地，不可久留。”

正好冀州牧韩馥迎他做幕僚，荀彧就和四哥荀谌带全家前往，也劝乡亲们同行。可是许多人故土难离，死在了不久后发生的战乱里。

荀彧全家到达冀州州府邺城时，韩馥已离城而去——被袁绍骗了。

袁绍先给公孙瓒写信，约定一起攻打邺城。公孙瓒起兵后，袁绍又给韩馥写信，告诉韩馥说公孙瓒要攻打他。这么两下里一挑拨，韩馥就请袁绍进邺城帮忙，抵挡公孙瓒。

袁绍进入邺城，一把把军务和政务抓了过来，韩馥这才明白让袁绍坑了，又怕袁绍要他的命，连夜逃跑，投奔曹操。从此，邺城就成了袁绍的地盘。

袁绍领了冀州牧，表面上封韩馥为奋威将军，实际上无官无职，是一个空头司令。袁绍还想置韩馥于死地，韩馥无奈自杀。

荀谌和弟弟荀彧谈到袁绍想立刘虞为帝的事，荀彧听说曹操反对另立新帝，对曹操印象很好。

——他是书香门第，家学渊源，受的教育和熏陶就是忠君爱国，所以不待见篡逆的贼子。

日后，他也是死在这个原则上头，死在曹操的手里。

此时曹操正率领军马屯兵河内，名义上是依附袁绍的。

初平二年（191）七月，屯居河北黑山的黄巾余党改用道教的黑色旗，号称黑山党。由于毒、白绕和眭固统领。

白绕率军围攻濮阳，濮阳郡守向曹操求救。曹操率铁骑南渡黄河，完败白绕的军队。袁绍表荐曹操为东郡太守，算是送了他一个顺水人情。

曹操将郡府迁到东武阳，建立了第一个根据地。

初平三年（192）正月，二十九岁的荀彧孤身一人来到东武阳。

曹操喜出望外，亲自来迎。纵论天下大势，荀彧建议曹操先增强兵力，拳头硬了，说话才好使；再“奉天子以令不臣”，如此济世之宏图可展。

曹操大喜，相见恨晚。

第六节　没貂蝉什么事

白绕全军覆没后，于毒率黑山军报仇，荀彧、曹仁守城，曹操亲率主力出战，又大败黑山军，如严冬里冰水浇沙，势力得到进一步巩固和加强。

初平二年（191）四月，董卓入长安。

入城时，命令御史中丞皇甫嵩跪接——他们是对头，这是给皇甫嵩搞点哪。

董卓坐的是青盖金华车，爪画两幡，时人号曰“竿摩车”。封其弟董旻为左将军，侄子董璜为侍中、中军校尉，宗族内外都入朝为官。

公卿大臣见了董卓都要下车跪拜，朝廷各部门要到太师府向他汇报工作——真好，连班都不用上了，在家就办了公了。

他的幕僚提出要称他为“尚父”——把他比姜尚呢。当年姜子牙为周出力，被尊尚父。幸得蔡邕劝他，等到平定叛乱，返回雒阳后，再讨论这一称号。否则他的脸真是越丢越大。

董卓一方面有风使尽帆，一方面像耗子一样积草囤粮，备战备荒。

他在长安城东修筑堡垒，又在郿县修筑坞堡，里面存放金银财宝，还存着够吃三十年的粮食。他的想法是：“我平定关东后，就可以雄踞天下；就是失败了也没事，也能在郿坞快活到老。”

太史令通过望气，预测说会有大臣遭诛。他怕应验到自己身上，就派人诬陷和自己不和的张温勾结袁术，然后把他活活鞭死——这样就应验了吧？自己就没事了吧？残暴、迷信而软弱的老家伙。

这家伙不懂经济，却把手伸得老长，毁坏市面流通的五铢钱，铸非常粗糙的小钱，百姓都不爱用，市场紊乱，物价涨得离谱。

又派人抓捕所谓“为子不孝，为臣不忠，为吏不清，为弟不顺”的人，统统杀掉，抄家。

何颙、郑泰等幕僚对董卓不满，荀攸建议，由董卓亲近的越骑校尉伍孚行刺董卓。

这天，伍孚衣藏短刀，拜见董卓。董卓倒也不设防，攀着伍孚的肩膀说东说西，伍孚突然拔刀就刺，董卓连忙后退，大呼拿刺客。周围人一拥而上，伍孚被捉。

董卓大骂：“你想造反吗？”

伍孚回骂：“你又不是我的君上，我又不是你的臣民，我反你个大头鬼。你乱国篡主，恶贯满盈，我死也要杀了你，恨不得把你车裂在大庭广众，谢罪天下。”

董卓大怒：“杀了他！”

乱刀之下，伍孚分尸。

何颙、荀攸入狱，郑泰、华歆等人逃奔袁术而去。

下面就轮到貂蝉出场了：

司徒王允回府，忧闷叹气，无意间发现府中歌伎貂蝉也忧闷叹气。一盘问，原来貂蝉是看他忧闷，所以自己也忧闷。

王允一听，乐了。原来汉家天下的未来，在你这小妮子手里。

于是和她定了一计，让她勾引董卓的干儿子吕布，再让她勾引董卓，在这对父子中间玩无间道。

然后貂蝉就按照王允的剧本兢兢业业演起戏来：

王允先请吕布过府，貂蝉露面，羞涩一笑，目横秋水。吕布看得目不转睛，王允趁机把貂蝉许他。

再请董卓过府，故伎重施，老东西哈喇子飞流直下三千尺。王允干脆直接把貂蝉送到董卓家。

然后吕布当然来找王允算账啦，王允说，相爷说啦，他把貂蝉接到他的相府，然后由他把她嫁给你。你等着吧，你干爹很快就给你们成亲啦。

结果吕布左等不来，右等不来，跑到相府一看，貂蝉早被干爹给收了。

吕布心里猫抓似的，一个劲儿往卧室里看。貂蝉也一个劲儿放眼波来勾引。董卓心下别扭，把他赶跑了。

貂蝉可下功夫了，一边死迷着董卓，一边死勾搭着吕布。这日她和吕布花园私会，被董卓赶回来撞破，大喝一声，一把画戟就掷过去，吕布掉头就跑，没戳着。

▲ 凤仪亭吕布戏貂蝉

董卓拾起画戟一溜烟地往外追，没赶上，还跌了一跤："冲天怒气高千丈，仆地肥躯作一堆。"

结果大家都知道了，吕布这个杀了自己第一任干爹的人，终于又干掉了第二任干爹。

以小说家言，貂蝉居功至伟。

事实上，中国古代四大美女：西施、王昭君、貂蝉、杨玉环，只有貂蝉于史无载，是传说中的人物。元代杂曲《连环计》杂曲中说她本名任红昌，在宫中专管貂蝉冠，因此又叫貂蝉。但是这仍旧是文学作品，不是史料。

事情的真正经过没貂蝉什么事。

第七节　作了一个大死

司徒王允有心刺杀董卓，就用财帛收买了吕布——吕布当初杀干爹丁原，也是看在钱的面子上，如今当然也不会介意用第二任干爹再换一批金珠宝贝。

初平三年（192）四月二十三日晨，董卓乘车去皇宫，吕布随从。车行至北掖门外，李肃等人冲出，手持长戟，刺向董卓。董卓怕死，朝服里都穿着铠甲——他也不嫌沉，主要也是被杀怕了，好比现在的西装里面穿上防弹衣。

长戟刺伤董卓手臂，董卓大声疾呼，叫儿子救命。

吕布早有准备，探手入怀，一掏掏出一道诏书，展开大叫："奉诏讨贼！"

董卓大骂："庸狗，你敢这样对你爹！"

吕布早一戟刺出，董卓命归九泉。

董卓死了。

士兵高呼万岁，百姓载歌载舞。

看尸军士在他的肚脐眼里点灯，他的一身肥膏流了一地。老百姓手掷其头，足践其尸。

他的亲属，不分老幼，悉皆诛戮。他的兄弟、侄子也都给斩了首，他的老妈也被杀。他积蓄的黄金数十万，白银数百万，绮罗、珠宝、器皿、粮食，没有一布一丝、一粟一粒、一分一毫再姓董。

董卓真是，不惜以生命，作了一个大死。

同时，青州黄巾军聚众百万，杀入兖州，兖州刺史刘岱阵亡。

战火直逼驻军东郡的曹操，在陈宫的努力下，济北相鲍信等人迎曹操出任兖州牧。

黄巾军兵力是曹操兵力数十倍，漫山遍野而来。一次遭遇战中，有鲍信为掩护曹操而死，曹操才得奋战出围。

黄巾军首领写信给曹操，希望能够同心协力，共图大事。荀彧建议因势利导，教黄巾为我所用。

曹操当即回信，痛诉衷肠，希望青州黄巾军能够来到自己的麾下，有福同享，有难同当。

黄巾军果然投诚，从此，成为曹操的班底，赫赫有名的青州兵。

曹操兵力由区区数万，骤然增加了三十多万。朝廷派金尚来接替刘岱当兖州刺史，曹操连城都不让他进。无奈，金尚只得改投袁术处避难。

袁术早和哥哥袁绍掰了，袁术自己想称帝；袁绍不想承认弟弟这个皇帝，他给自己刻了一方皇帝玉玺。

凡是敌人反对的，我就要赞成，所以袁绍又做个顺水人情，上表朝廷推荐曹操为兖州牧——他这个州牧，才算名正言顺了。

曹操不再是光杆司令了。三十多万青州军，若连家口都算上，有一百万。

人多力量大。

兵荒马乱中，曹植出生。

曹操喜得一子，又喜得谋臣。

此后数十年，荀彧一直随在他的左右，每每使他转危为安，转败为胜。

曹操一生，求贤若渴，虚怀若谷，不重旧习，不拘一格。他的成就，和用人的方针分不开，也和他所用的人才分不开。

如今，天下如蛋糕，你分一块，我分一块：袁绍据冀州，袁术占南阳，陶谦在徐州，公孙瓒在幽州，刘表占荆州，孙坚据江东。

这还是那些大势力。还有一些小鱼小虾，你占一小块，我占一小块。

曹操也占了一小块。

青州兵百万人口，吃什么？

兖州百姓，吃什么？

连年征战、连年灾荒，十室九空。不是没有地，缺的是种地的人。

曹操开始推行军屯，一半军队开荒种地，一半军队打仗练兵。

肚里不饥，囤有余粮，军卒百姓才见领导者的大情分；但是，如果不练兵，也就变成人人可宰的大肥羊。

所以，曹操亲自写了《步战令》，第一通鼓，步兵、骑兵整顿装备；第二通鼓，骑兵上马，步兵结阵；三通鼓，按次出发，听从旗令……

不听命令要斩首，不及时救援要斩首，乱跑的要斩首，进攻时擅自退阵的要斩首，在阵间骑马乱行者要斩，开小差斩，开小差家人瞒报斩……

曹操差不多是一个糙汉，治军也要求一个“严”，突出一个“严”。

青州兵被带成一支勇往直前的军队。

袁绍和袁术这哥儿俩早就崩了。

袁术好嫉妒：自己是袁家的嫡子，袁绍只是庶出，凭什么袁绍偏偏被选为盟主。

袁家门生故吏遍天下，凭什么都跑去给那个“小妇养的”效力。

曹操未取兖州的时候，袁术就和幽州的公孙瓒夹击袁绍；来而不往非礼也，袁绍也联合荆州刘表，牵制袁术。

刘表不给袁术军需，袁术就想打曹操的主意，分三路兵马，围困曹操的部队驻地甄城。被曹操调兵遣将，打个落花流水。

袁术在自家的根据地南阳横征暴敛，百姓苦不堪言。

此次和曹操交战，袁术一气被曹军追得逃了六百里，撤至九江郡（治所寿春），从此一蹶不振。

第八节　踏进鬼门关

这个时候，出事了。

曹操他爹曹嵩死了。

不是寿终正寝，是被人杀的。

事情出在徐州。

曹嵩此人，除了宠儿子，任由曹操小时候偷新娘，乱闯别人卧室，倒也没有别的可以褒贬的地方。也曾花钱买官，但当官也没有当得多么有恶声。而且董卓进入洛阳之前，他就已经卸任回乡，跑老家谯县过退休生活去了。

只不过谯县战乱，不得安稳，所以又逃难到了琅邪。琅邪是徐州地面，徐州牧陶谦和曹操认识。

曹操如今立稳脚跟，日渐壮大，就想让父亲来自己的地盘兖州安居。

于是，曹嵩就收拾收拾家当，跟着曹操派来的使者，准备大搬家了。

这一收拾，就收拾了满满的一百多车的金银珠宝！

临走，陶谦特地送行摆酒。

然后，妻妾仆妇，儿女家人，浩浩荡荡，组成一个大车队，被陶谦派的下属张闿带着五百军士，沿路贴身保护，送出徐州地界。

他爹也没想到，一步步踏进鬼门关。

张闿和手下见财起意，夜里和手下呐一声喊，冲进内室，手起刀落，一刀一个，把人人都砍翻在地，带着金珠宝贝逃了。

当初曹操杀人全家，如今被人杀了全家。

有人说天理循环，报应不爽。其实还是不公平。曹嵩死了，曹操岂肯善罢甘休？但是吕伯奢一家死了，谁又能替他们报仇？

曹操听说全家被刀浴血，哭倒在地，咯吱吱咬碎钢牙，说是陶谦纵兵杀爹，留荀彧、程昱领军三万守城，其余兵马，曹操亲自率领，杀气腾腾，奔徐州而来。

夏侯惇、于禁、典韦为先锋，奉曹操令：但得城池，将城中百姓，尽行屠戮。

有九江太守是陶谦的朋友，带兵来救徐州兵难，曹操早红了眼，派夏侯惇半路截杀。

有陈宫也是陶谦的朋友，当时是东郡从事，也来劝曹操，曹操却不过往日情面，只好相见，却拿话怼得陈宫出不来气：你说自管你说，我不听自是不听！

于是，曹操大军，刀枪剑戟，马嘶人叫，喊杀阵阵，所到之处，如一只巨大的恶魔持着巨镰，毫不怜悯地收割人命。老人、小孩、壮年、妇女，整个地面被血染红，浸泡，无数死人的眼睛睁得大大的，望着不肯开眼看看人间苦难的天空。

说好的“关东有义士，兴兵讨群凶”呢？你如今不就是最大的“凶”吗？

说好的“生民百遗一，念之断人肠”呢？你的刀枪之下，生民百不遗一；你不是念此而断肠，你是断了别人的肠。

所以说，曹操这辈子，撑死也就够资格做一个枭雄，万死也做不成英雄。

一半是圣人，一半是野兽。

其实，为了扩充地盘，攻打徐州是迟早的事。他爹的死，给了他一个完美的理由。

曹操连下十城，在彭城和陶谦会战。

陶谦冤死了：人家本来是想巴结你一下，谁知道你爹太招摇，被我的部下杀了全家。可是不是我指使部下干的呀，你就不能高高手吗？

曹操大手一挥，兄弟们，给我上！

这一仗杀得陶谦大败，直退回郯县。曹操久不能克，只好撤退。一路上杀人泄愤。

当时有许多百姓看徐州富庶，都像曹操他爹一样，逃到这里避难，没想到翻成人间地狱，单是泗水一战，陶谦的军队和徐州的百姓被杀死数万，数城之内，鸡犬不留。赤地千里，不见活人。

曹操暴扁陶谦，陶谦派人去请外援公孙瓒。

公孙瓒派青州刺史田楷发兵。

田楷有点怕杀红眼的曹操，又去找刘备。

中山靖王刘胜，是西汉景帝之子，性喜享乐，一生光儿子就有一百二十多个。他是刘备的祖爷爷，刘备是他的玄孙。刘备这一脉是从刘胜的小儿子刘贞那里传下来的。刘贞当初曾是陆成亭侯，后来被贬为庶民。刘备这一脉说皇亲也算皇亲，但已经是十分破落的皇亲了。

到了刘备这一代，父亲早亡，孤儿寡母只能靠编草鞋织席子卖钱。

刘备十五岁外出求学，拜卢植为师，和公孙瓒是同学。一点皇族宗室血脉，让他不大甘心在这个乱世珠玉尘埋。

他参加了朝廷的征讨黄巾军活动，又收了两个重量级的小弟：关羽和张飞。

因为征讨黄巾有功，朝廷给了刘备一个安喜尉的职务，差不多算是地方上一个公安局长。这样派出去的职务全国有许多，不排除有冒领军功白当官的，所以朝廷派督邮下来巡查，看谁的官来得不正当，就给撸下去。

督邮来到安喜县，架子拿得太大，刘备数次请见他都不肯，刘备急了眼，把他绑了出来，痛打一顿，挂印而去，跑到老同学公孙瓒那里。

公孙瓒命他在田楷手下做事，后来和袁绍打仗，因刘备打青州有功，被任命为平原相，关羽、张飞在他的麾下各带一部兵马。

此时，常山人赵云来投奔公孙瓒，和刘备一见投缘，于是赵云跟着刘备来到他的治下，替他指挥骑兵。

就这样，刘备带着自己的部属两三千人，跟着田楷一道到了徐州。

第九节　恰恰当当拜了花堂

陶谦见刘备兵少，又给了他四千兵马，让他屯兵小沛，并表荐他任豫州刺史。

升官了。

当时豫州西部属刘表控制，东部才归陶谦控制。豫州刺史的权力顶多只能行使一半。不过，有了“豫州刺史”这个名头，他就和陶谦、曹操、袁绍等人名义上有了平等地位。

基本上到了这个地步，刘备的班底才算建了起来。

因自身微弱，又少家族支持，又少钱财，能拿出来的，唯有真心。所以他对两个兄弟还有赵云都掏心掏肺。

甚至说出了“兄弟如手足，妻子如衣服。衣服破，尚可补，手足断，安可续”的名言。也是，女人能替他打天下吗？女人能帮他实现雄心壮志吗？必须的不能啊。

所以，女人可以换一身又一身，兄弟可是砍一个少一个。

刘备天生大耳，被呼“大耳儿”，又热血忠诚，受人爱戴。事实上，没有人比这个“大耳儿”算账算得清。

刘备名义上和曹操平起平坐了，当然也就有了名义上可以给曹操写信劝和的资格——至于曹操听不听，那就不是刘备说了算的。

不过，总得要略尽人事，方有资格以听天命吧。

真打，又打不过。

所以，刘备就给曹操写了一封信，劝他：你爹死又不是陶谦的责任；再说如今黄巾遗孽，扰乱于外；董卓余党，盘踞于内。明公啊，你还是量清楚事态，舍小家为大家。你家的事，再大也是小事；朝廷的事，再小也是大事不是？所以，撤兵吧。徐州百姓会感谢你，天下人民会感谢你。

曹操气得大骂：刘备你算老几，居然写信劝我？劝我就算了，还讽刺我？呸！

这么一激，曹操就更想玩命了，命人加紧攻城。

这时候郭嘉劝他，好说好话地麻痹一下刘备，然后我们再猛地攻打他一下子。

郭嘉够阴的，这个建议也合了曹操的“阴险”属性，二人一拍即合，曹操挤出笑来款待来使。

刘备是不知道自己的资格低，苍蝇包网，自觉自己好大的面皮？

才不是。

他只是不得不尽这一份人事，好歹自己也是被拉来的外援不是？

事情就有这么寸。

刘备信也到了，陈宫、张邈不知道怎么想的，也把吕布迎到兖州，要抄好朋友曹操的老窝。

曹操急了，留下曹仁坐镇徐州，自己连夜赶回去了。

张邈，字孟卓，东汉末年陈留太守，和曹操、袁绍都是少年好友。袁绍为义军盟主时，私心太重，张邈老是拿话敲打他，袁绍既要端着宽容大度的架子，就没办法公开治害张邈，暗地里想让曹操杀了他。曹操倒是拎得清的："天下尚乱，怎可自相残杀。"

张邈听说后，和曹操更亲近了。亲近到什么地步呢？曹操征徐州，把家人托付给张邈，万一身故，由他照顾。

万万没想到的是，能将背后全然交付的战友，背后捅了自己一刀。

根子在陈宫这里。

陈宫在《三国演义》和戏剧"捉放曹"里，都是一个正面人物：因敬佩曹操刺杀董卓，所以当曹操被擒，他私放了他，又弃官和他一起逃亡。然后曹操杀吕伯奢一家，他心灰意懒，和曹操分道扬镳。

事实上，这个情节存疑，甚至在历史上几乎站不住脚。

他原先是助曹操取得兖州的，兖州刺史刘岱在战场上阵亡，陈宫东奔西走，倾全力助曹操接任兖州刺史。后来，也许是看到曹操更器重荀彧和后来的谋士程昱，不重用自己的原因吧，觉得明珠暗投。

而张邈虽和曹操是好友，但又和吕布一见之下，交成莫逆。

吕布刺董后，董卓旧部属李傕和郭汜等人在贾诩的献计下，召集旧部，攻入京城。杀死王允，劫持汉献帝。吕布杀出城去，先投靠袁术，但袁术不待见他，只好改投袁绍。

他和袁绍在常山会战黑山军张燕，大胜。袁绍初时疑恨，继而派人暗杀。幸而吕布心有所觉，趁夜逃跑，要去投奔割据河内的张杨，途中经过陈留，太守张邈派人迎接，大加款待，临分手二人把臂结好。

如今，趁着曹操出征徐州，陈宫就说动了张邈，要迎吕布来兖州，这样一来，你就和吕布共牧徐州，称霸一方。至于曹操，让他哪儿凉快去哪儿待着。

张邈为什么会被说动？

当初曹操在陈留起兵，事实上听命于张邈。如今曹操做了兖州牧，张邈反而要听命于曹操。

而且，袁绍始终想杀了自己，虽然曹操一直维护他，但是，万一哪天不维护了，而是和袁绍联合，杀了自己怎么办？

再说，曹操的风头一天比一天盛，明摆着是要纵横天下。与其让他纵横天下，何如我来纵横天下呢？

于是，曹操就后院起了火。兖州牧的位子，让吕布占了。

曹操这个大杀神撤了，客观原因是他的后院起火，主观原因是他要回去抢地盘。

留下来的曹仁，心也在兖州那儿：曹操好，他们曹家才能真的好。所以，干脆给了刘备一个顺水人情，同意退兵。

一时之间，刘备一信平干戈，威望大增。

就像《花为媒》里唱的："张五可她虽然有那三媒六证，怎知我抢了先，先来到，到得早，早不如巧，巧不如恰，恰恰当当，我们拜了花堂。"

第三章
乱花渐欲迷人眼

第一节 把根留住

一路上，曹操心急如焚。

另一边，张邈、吕布也没有歇着。吕布一鼓作气，袭破兖州，占了濮阳。

幸得有荀彧、程昱在，全力死守，替曹操保全了鄄城、东阿、范县，否则曹操连立足之地都没了。

张邈和陈宫在兖州叛乱，豫州刺史郭贡领兵来到荀彧镇守的城下，要求见他。

夏侯惇劝他不要去，太凶险了。荀彧说不怕，郭贡和张邈关系一般，他这次仓促而来，显然不是胸有成竹，只不过是来试探一下。如果我能够见了他，说服他，就算他不帮我，但他可以保持中立，不害我；若是我不见他，怠慢了他，激怒了他，他一定会攻打我。两相比较，我一人的命算什么？

于是，荀彧轻身入敌营。

越是这样，郭贡越是心里没底，觉得肯定是对方早做了充分准备，自己已经失了先机，于是引兵而退。

荀彧赢了。

曹操的五大谋士——荀彧、荀攸、贾诩、程昱、郭嘉，荀彧占第一位。

此人识大体、顾大局，把握总方向，做好曹操身后的大盾牌，是正儿八经的“王佐之才”。

“王”，不是称王，而是王道。他是地地道道的儒家弟子，讲究的是圣王仁义教化，在这种思想的主导之下，他倾尽全力，帮助曹操。因为一开始，曹操是想要佐护君王的。

看看他在此次危机中，做了哪些事：

张邈和陈宫偷偷要把吕布迎来的时候，张邈派人告诉荀彧，说是吕布要来帮助曹操打陶谦，需要快快地供给他军需。大家都不知道这是怎么回事，只有荀彧敏锐，感觉事出反常必为妖，神经一下子绷紧，知道张邈要作乱，马上做好备战，飞马去召夏侯惇。

此时，兖州诸城都已经响应吕布了。

曹操留下镇守的兵力太少，而督将大吏大多已经和张邈、陈宫结成同盟，形势万分危急。夏侯惇一来，和荀彧合议，发雷霆之威，当天夜里，就诛杀数十个谋叛的，把蠢蠢欲动的人心镇压了下去。

然后，独自去见郭贡，活活把他吓退。

每临大事有静气，一个智勇双全的美男子。

在这次危机中，除了荀彧，还有一个人居功至伟，就是程昱。

——也是曹操五大谋臣之一。

程昱是个直肠子，本名程立，因梦中在泰山捧日，更名程昱。

早年在家乡东阿，县丞王度呼应黄巾作乱，一城百姓都往东跑到山上，县丞领着黄巾军出城后却在城西停下。

程昱向县中大户薛房等人说：“如今王度他们占了城也不好好屯兵，不过是想发点财，咱们干吗不回去守住咱们的城池呢？城墙又高又厚，城里又有粮食，如果回去和县令一起坚守，王度肯定待不下去。”

薛房等同意了，别的人却不愿意跟着冒险，程昱怒了：“一群傻子！”偷偷派几个人骑着马在东山上高高举起旗帜，让薛房等人望见，然后大呼小叫：“贼兵来啦，快往城里跑哇！”大家伙一股脑儿往城里涌去，找到县令，一同守城。

王度等人攻城无功，正要退走，程昱带人追在他屁股后头，揍得他一路逃之不及。东阿得以保全。

后来，兖州刺史刘岱征召程昱，程昱不肯去。再后来刘岱被黄巾军杀掉，曹操兵临兖州，征召程昱，程昱一口答应下来。

他的老乡纷纷奇怪，他但笑不语。

曹操十分待见程昱这个直肠子，派他做寿张令。此次出征徐州，令程昱与荀彧留守鄄城。吕布一来，四周郡县纷纷响应，只有唯有鄄城、范县、东阿不动。

这时候，有吕布军的降兵说陈宫要带兵攻打东阿，还派汜嶷攻打范县，三城人心惶惶。荀彧建议程昱回去安定民心。

程昱于是返回东阿。

经过范县时，他游说范县令靳允——靳允倒霉的，他的一家人，娘、弟弟、老婆，都被吕布抓起来了，逼他造反。程昱说：

“你看吕布什么玩意儿啊！又粗暴又没有亲信，性子又刚直又不讲仁义，就是一个没脑子的肌肉男。陈宫他们也都不是什么好鸟。吕布虽然兵多，必然失败。我们曹公智略天下第一，老天爷派他来平定天下动乱。你要固守范县，我也固守东阿，就可以立下大功一件，你可不要错打了主意我告你。”

这话明着是劝，暗地里是威胁：别以为吕布厉害，我们曹公更厉害。你现在投降了吕布，我们曹公饶不了你，你的一家不死都得死。

靳允哭着说——能不哭吗，忠孝两难啊：“我不敢怀有二心。”杀掉了已经在范县的汜嶷，站好了队。

程昱到了东阿，东阿令枣祗已经率吏民拒城坚守。又有兖州从事薛悌与程昱协谋，终于守住三城，没把曹操的根据地给丢了。

曹操一回来，拉着程昱的手就摇：“没有你，我都无家可归了呀。”于是表程昱为东平相，屯于范县。

第二节　你在哪里

曹操回来了。

吕布退守濮阳。

整个兖州境内，除了鄄城、范县、东阿，别的地盘都响应吕布。

瞧着部下一个个丧得不行，曹操哈哈一乐：吕布得了兖州这么大的地盘，他不想着据守东平，切断亢父、泰山的要道，背靠险要，向我施压，却退回濮阳，说明这人哪，没本事。

他说得对。

吕布这个人，有一把子力气，可是脑子仁小。

自己脑子仁小就算了，还不听别人的话。

陈宫说曹兵远道而来，累个臭死，这时候不揍他，难道还等他养回精神打我们吗？吕布昂然回答："吾匹马纵横天下，何愁曹操！待其下寨，吾自擒之。"

公元前638年，宋国和楚国战于泓水。当时楚国兵力强大，宋国大司马子鱼劝宋襄公，趁楚人渡水的时候，截杀他们。没想到襄公却大讲仁义，要等楚兵渡过河来，列好阵式，才发起攻击。

等楚军湿漉漉地上了岸，子鱼又劝宋襄公，趁楚军此时阵列未成，袭杀他们。宋襄公再次拒绝。

结果就是宋军大败，襄公被射中大腿，第二年重伤而卒。

脑子有坑。

如今，吕布也干这脑子有坑的事。

骄傲了。

事实证明，他骄傲有理。就算曹操兵近濮阳，下住寨脚，歇息一夜，第二天两阵对圆，各自大将出战，嘁里咔嚓战一场，也是曹操大败，退兵三四十里。

然后，曹操听了于禁的话，要趁夜劫寨。陈宫想到曹操会下这步棋，提醒吕布，吕布大喇喇："他今天输了一阵，怎么还敢来！"

陈宫太熟悉曹操了，拼命说服吕布布防，果然，曹操来了。

曹操夺了吕布的西寨，被吕布派的高顺带兵杀到，大打一阵，天色渐明。

此时吕布亲自赶来，曹操怕了，拨马望北就走，却又被吕布的军队拦住去路。箭射如雨，曹操惊骇："谁来救我！"

马军队里，典韦冲出，手里挺着双铁戟，飞身下马，把双戟往泥地一插，取短戟十数支，挟在手中，回头跟随从讲："贼来十步才叫我！"拽开脚步，冒着箭雨前进。

吕布的数十骑从背后追来，随从大叫："十步了！"典韦说："五步再叫我！"随从又大叫："五步了！"典韦把短戟力投敌丛，一戟过去，一人坠马，戟无虚发，十数人立仆，别人都吓跑了。典韦又飞身上马，挺着一双大铁戟，冲杀进去，杀散敌军，救出曹操。

好典韦，好英雄。

曹操逃出险地，升典韦为都尉，昼夜为曹操警卫。

做一个肌肉英雄，不用操心别的，只需要听人指派，给自己全心信任的人付出全部的忠诚，在乱世里，这也是一种幸福。

如果吕布也这样就好了。

问题是，他确实武勇，有肌肉，但是他又有自主意识。他的自主意识让他想要做自己的主，建一番自己的功业，但是，他又没有在这方面可以匹配的能力。

这么说吧，他不是主，不是王，他是士。

他左右不了战局，主持不了大势，他只能是在一场庞大的战争布局中，那个浴血冲锋，踏入险境的决定性棋子，单枪匹马杀到之处，万军丧胆，所向披靡。

上兵伐谋，须得有人指挥他，他才能发挥出最大的战斗力，否则便是白门楼的身死之局。

这个结局快来了。

这天，曹操新败，正在郁闷，门外一个人带来一封密信。写信的人姓田，是濮阳城中富户。信上说，吕布不仁，民心大怨。如今吕布想要移兵黎阳，濮阳城内只有他的部下高顺。请曹操连夜进兵，田氏做内应。

就像驴鼻子前面来了根胡萝卜，曹驴吃也不是，不吃也不是。

不吃吧，想吃，香甜。吃吧，万一有毒怎么办？兵者诡道，打仗除了你干我，我干你，就是你阴我，我阴你。要是他诱自己进城，来一个瓮中捉鳖？那就死了！

可是，不去的话，这个胡萝卜好甜。

实在是禁不得诱惑，去！

典韦想先替他进城探路，曹操大喝一声："我不自往，谁肯向前！"

这就是曹操的胆气。他一辈子打仗几百次，哪一次都是冲锋在前，所以他带出来的兵也强悍。如果领袖跟个弱鸡似的，兵们早撒丫子有多远逃多远。

可是，进城就中了计，待他急拨马回头，四门早有烈火熊熊燃起。本来还静悄悄的城内，一霎时金鼓齐鸣，杀声阵阵。吕布手下的张辽、臧霸两下里夹攻掩杀而来。

曹操往北门逃去，又被拦截，大杀一阵；急走南门，又被拦住，典韦当先冲杀出去，结果杀着杀着，回头看不见了曹操，只好又杀回城内。

曹操手下的大将乱团团，你也找我也找，就是不知道曹操在哪里。城上灰瓶炮火，滚木礌石，典韦冒烟突火，到处厮杀寻觅。

主公啊你在哪里。

第三节　两只谋士

曹操怎么办？曹操也很绝望啊。

他被吕布的兵马和典韦截开，南门出不去，只好又转回北门，却迎头撞见吕布挺着大戟，跃马杀来。

暗夜里火光如蛇，蜿蜒明灭，曹操一捂脸一加鞭，期待吕布看不见。

偏偏吕布就看见了，拍马赶来，用大戟往曹操的头盔上一拍，问：“曹操在哪里？”

曹操捂着半张脸反手一指：“前边骑黄马的就是。”

吕布纵马就追，曹操一身白毛汗，拨马望东门就跑。

恰遇典韦杀来，一看见他，眼睛一亮，大吼一声，如同霹雳，整个人旋风一般杀到他的身边，护着他一路冲到城门边。

遍地都是火啊，哪儿哪儿都是熊熊的烈焰。典韦开道，当先跃出，用武器把柴草拨到一边，曹操紧跟着他。胯下的马身大腿长，眼看就要跃出城去，逃出生天，却被城门上崩下的一条着火的木梁砸翻。

曹操徒手托梁，死命把木梁推到地上，手、胳膊、胡须、头发、眼睫毛，都哄哄地着了。

典韦一看又不见了曹操，操心死了，又回马来救，恰好夏侯渊也赶过来，两个人把曹操拖起来，突围而去。这一路混战，天明方止。

众将拜伏问安，曹操仰脸哈哈一笑：“误中匹夫奸计，我一定会报回去！”

是奸雄的脾气，再说了，不笑还能怎么办？

此后，曹操派重兵围困吕布，他和陈宫出不来，试图救援的张邈也进不去。

数月僵持，旱灾持续，蝗灾继之，百姓饥馑，士兵也没的吃。

荀彧来信催曹操速回鄄城，吕布也必定会退出濮阳。于是曹操撤兵。吕布粮草用尽，双方各自撤退。

曹操回鄄城，吕军退屯山阳。

冬天渐渐来了。

这个冬天难过，曹操深为忧心。

这时候，冀州牧袁绍来信了，劝曹操把家眷送到冀州的州府邺城，他来保障他们的安全。

袁绍其实是让曹操来投靠自己，依附自己。

曹操此时颇有点弹尽粮绝，前路茫茫不知归处的意思，心底的小软弱浮现上来，真有这个意思，想要投奔袁绍去。

幸亏他想起来自己手底下有谋士。

于是，他来找程昱。

程昱激烈反对：

“将军，你一向不惧变故，为什么这次如此不给力？袁绍什么人哪，素来就有吞并群雄，一统天下的野心，只是他有这个心志，没这个脑子。将军自问，以你的广大心志，以他的狭窄心胸，你有没有可能长长久久蛰伏其下？

“就算如今兖州残破，但是，我们仍旧有三城作为基地。我们的武装劲旅虽受折损，如今也不下万人。以你的武功和谋略，加上荀彧和我的智慧，我们齐心合力，何愁霸业不成？请将军三思。”

曹操一听，醍醐灌顶。

对呀，为什么危机一来，我会忘了初心？

曹操抚着程昱的背，亲亲密密地说："真是好朋友，真是有志向的人。有你这样的人，我还怕什么哩！"于是写信客客气气回绝袁绍。

程昱既为曹操指明大方向，又解决实际问题：他在东阿和范城很有影响，于是就向富豪借粮，不够的粮食，再向富豪筹款，向邻州买粮吃。他说："我既然受命为东平相，就一定要使东平百姓和军士平安过冬。曹公和文若就只管照管鄄城那边的事，我这边不用你们操心。"

曹操大喜。

回了鄄城，信使来报：陶谦重病而死，把徐州牧让刘备领了。

曹操大怒：我费这么大力气报仇，仇没报了，被刘备这小子把徐州白白占了，凭什么！老子要先杀了你，再鞭陶谦的尸，给我老爹报仇！即传号令，克日起兵，打徐州！

荀彧急了。不过他和程昱性格不同，程昱刚直，说话直通通毫不客气，荀彧是儒门弟子，温雅有礼，说话也大宽转有去有来：

咱们汉高祖和汉光武帝制天下，都是因为深根而固本。自己根基稳固了，才能进能胜敌，退能坚守。就算有时候有困败，但最终能成大业。

——他把曹操比成西汉开国皇帝和东汉开国皇帝，先给曹操个甜枣吃，平平他的气。再鼓励他一下：先皇都有困败时，咱们眼前这小小的困难不算一回事。而且开首就亮明观点：一定要打好基础，深根固本。意思是：曹公你的基础还不稳。

所以，如今兖州是你的根本，就算残坏，也足以自保，这是你自己的关东、河内，必须先把它安定下来。否则，万一徐州拿不下来，你往哪里去？

你都杀了那么多徐州人，你去了，人们知道活不下来，还不跟你以死相拼？就算你现在不杀人了，人们念及被你杀掉的亲人，又怎么会在你的手下苟活？

如此一来，发兵徐州百害而无一利，望将军三思。

一篇精彩的小论文啊。不愧是儒门弟子。

曹操思索片刻，起身施礼：“先生一席话，字字珠玑。”

此后一年多的时间，曹操致力于收复兖州，一年多后，那些叛县陆续回到曹操的怀抱。

曹操根基稳固，全赖他两个谋臣指明的大方向。两条路，左走也是死，右走也是死。左边程昱给他堵上了，右边荀彧给他堵上了。

而他也竟然没有不撞南墙不回头。

第四节　和平鸽吕布

公元 195 年，曹操屯兵巨野西南的乘氏，派大部队下乡收麦。

吕布突然发难，率大部队气势汹汹而来，要抄他的老窝。

城内空虚，曹操面临灭顶之灾。

咋办？咋办？

曹操里走外转，心似油煎，但是脚步踏得沉实、缓慢，脸上一丝恐慌也不外泄。

他是主帅，自己的一丝恐慌，能在士兵中掀起龙卷风，卷得士气四处逃逸，一根毛都不剩。

没办法了，拼一把！

一个一个命令从他嘴里发出来：

一令妇孺出外，给吕布造成城中空虚的假象——城中的确空虚，但是要让这个空虚像是假空虚。

二令部分兵力隐蔽到屯外的树林，既要做出隐蔽的姿态，又要隐隐露出些刀枪剑戟，搞出些此地有伏兵的动静——伏兵是真伏兵，但是，要让这个真伏兵看起来又像假，又像真。

吕布这个胸肌大脑肌小的，真上当了，大军徘徊不敢进。

等到他派人查实，赶紧要大举进攻，瓮中捉鳖，曹操的大部队早马不停蹄赶了回来，埋伏在城内。

吕布一头撞上去，被杀得大败，逃往徐州。

徐州牧陶谦死后，麋竺派陈登到小沛，迎接刘备来下邳来主持徐州的军政。其实刘备不大敢来，他没这么大的自信能处理好徐州事务，毕竟这里是兵家必争之地，西北临兖州，有曹操虎视眈眈；西接豫州，有刘表不怀好意；北与青州交界，又是袁绍的势力范围；南面是扬州，如今是袁术的地盘。

左青龙右白虎，前朱雀后玄武，他婉言推辞。

孔融也来劝说，又给他鼓劲，说徐州现在有军马十万，不必害怕，不如顺水推舟，吃了这块肥肉。

刘备素有大志愿，苦于没兵力，如今听说有十万人马，暗暗咽了一口口水。机不可失，时不再来，干了！

就这样，刘备登上宝座，坐镇徐州。

如今，吕布就在去投奔刘备的路上。

刘备听说吕布率军来见，立马亲自到他的军营迎接。二人亲热交谈，就共同关心的问题达成共识：结成统一阵线，共御曹操和袁术等辈。

于是，刘备请吕布屯兵小沛。

至于张邈，当初看到吕布战败，也向徐州撤退。曹操杀他的家人泄愤，张邈跑到扬州，想向袁术搬兵求救，半路却被部下杀掉。

这样一来，兖州的反对党基本肃清，曹操这个兖州牧做得安稳。

袁术也想贪占徐州，就想走曲线救国的路子，知道吕布爱财，派人带着厚礼去提亲，想跟吕布结成儿女亲家，让吕布的女儿嫁给自己的儿子。吕布答应了，袁术马上就按捺不住，派纪灵带兵攻打刘备。

刘备能怎么办？宝宝心里苦。情急之下，求救吕布。

吕布邀请纪灵和刘备都来自己军中赴宴。宴席上，吕布充当和事佬，指着刘备，大喇喇对纪灵说：

“看见没，刘备，刘玄德，我兄弟！如今他被你们围困，我特意赶来相救。这样吧，”他命人在一百五十步外的营门中竖起一支戟，“诸位，你们看我射戟上的小枝，如果一箭射中，你们就马上离开这里；如射不中，那是玄德无福，你们可以把他干死，我绝不拦着。”

刘备脸都吓白了。那支戟离那么远！戟上的小耳朵那么点儿！自己一条小命都系在吕布的弓弦上了！

好吕布，引弓搭箭，怀中抱月，嗖，箭如流星，正中小枝。诸将震惊，心下戒惧，不敢再追着揍刘备，只得回兵了事。

那一刻，和平鸽吕布，浑身散发着圣洁的气质。

军阀们打来打去，好像皇帝不存在。

可怜的汉献帝，被董卓抓到长安，在手心里捏得吱吱叫；王允利用吕布杀死董卓，董章的部将李傕、郭汜又攻破长安，杀死王允，赶走吕布，把皇帝捏在手里，继续叫吱吱。

李傕、郭汜火并，献帝又落到李傕手里。

李傕的部将杨奉、董承叛离李傕，又把献帝抓在自己手里。

汉献帝被他们颠来倒去，拎到这里，拎到那里。先退往陕县，又从陕县渡过黄河，退到大阳。

大荒大灾，到哪儿都吃不上饭，不得已又回洛阳。

洛阳早被董卓一把火烧成白地，宫殿没了，街市荒了，野草一人深，老鼠遍地走，安能辨雄雌。

怎么办，先给皇帝盖个小房子住下吧。按照礼制，百官朝贺，只是都穿着破衣烂衫，站立在荒草荆棘里。

皇帝下诏，改兴平为建安元年。偏偏建也不能建，安也不能安，又是一个大荒年。大大的洛阳城，只剩几百户人家。大家吃不上饭，都出城去剥树皮、掘草根。当官的，官位低于尚书郎的，都出城去砍柴、捋草籽，有不少都饿死在破墙烂壁之间。

当年汉高祖那是什么威风气势，怎么如今搞成这个样子。

皇帝像只丧家犬，小日子过得远不如大军阀们踏实。袁绍的谋臣沮授向他建议，干脆把皇帝迎过来吧，把都城也迁到咱们的邺城，这样一来，我们就有一张王牌了，通过皇帝的嘴下命令，天下诸侯，哪个敢不听？

不听就是抗旨，抗旨就是乱臣贼子，乱臣贼子就人人得而诛之。

但是别人反对，觉得多了一个皇帝，得向他早请安晚汇报，还得向他跪拜行大礼，麻烦得很。袁绍一听，可拉倒吧，我不想要头上长出一个爹。

第五节　好大一张老虎皮

曹操也动了这个心思。

其实，早在几年前，他还在青州剿黄巾的时候，谋士毛玠就给他提过这个建议。

不过，毛玠的本意是“奉天子以令不臣”，给天子撑腰，把奓刺的臣子的毛都理顺。后来曹操翅膀毛硬了，才给演变成了“挟天子以令诸侯”，让天子给自己撑腰，把向自己奓刺的家伙们的毛理顺。

曹操的“挟天子以令诸侯”和诸葛亮的“隆中对”一个级别，都是极其重要的战略指导方针。

如今，汉献帝无依无靠，连饭都吃不饱，时机成熟，正好把皇帝接过来，给他一碗饭吃，让他做自己的大虎皮。

不过，曹操手下也有不少人反对，觉得局势不稳，我们力量还小，当务之急是多占地盘，壮大力量，这样才能扛得住别的诸侯们嫉妒之下，羞羞的铁拳。至于迎皇帝的事，可以再等等。

荀彧却坚定地站在“奉天子”这一边。为了表明自己的立场，不惜引经据典，再作一篇小论文：

从前，姬重耳把国王姬郑迎还京师，所有的封国国君，从此尊奉姬重耳当霸主。刘邦为义帝芈心发丧，改穿白色孝服，而天下人心归附。

自从天子蒙尘，将军第一个兴起义兵，只因为山东不断发生变故，不能成行。而今，圣驾回都，而东京洛阳一片荒凉，义士希望根本稳固，亿兆人民都深怀感念故乡、旧都。

假如我们抓住这个机会，迎奉主上，安定人心，那才是正确的掌握住方向潮流。然后用大公无私的态度，使天下悦服，应是最高的方略。辅佐政府，招徕英俊人才，应是推广恩德的时机。

四面八方，虽然有很多叛逆，能有什么作为？韩暹、杨奉之辈，根本不足挂齿。如果不及时决定，一旦其他英雄豪杰兴起迎奉的念头，以后即使是用尽心机，已来不及 。

荀彧是真正的赤诚君子，儒门书生，他是真的想好好地奉迎皇帝，让曹操好好地辅佐汉家天子。

虽然后来曹操的心变了，但是，当初采纳荀彧建议的时候，曹操除了想壮大自己的力量，大约也没有想要自大为王的意思……吧？

谁知道呢。

曹操把皇帝迎到许县，然后大兴土木，建造宫室，设立宗庙社稷，皇帝开始临朝办公。

从此许县就成了许都。

领导班子也建立了起来：皇帝升了曹操大将军，封武平侯。

封荀彧为侍中、尚书令。封毛玠、任峻为典农中郎将，负责催督钱粮；程昱为东平相，董昭为洛阳令；夏侯惇、夏侯渊、曹洪、曹仁皆为将军；乐进、李典、吕虔、子禁、徐晃皆为校尉；许褚、典韦为都尉……

曹操麾下将士，封赏者众。

这才是背靠大树好乘凉。

皇帝来了，就把整个朝纲挪来了。

支持朝纲运转的人就不够用了。

2 世纪最缺的是什么？人才！

曹操有收集人才的爱好，所以催着荀彧给他推荐人才。

荀彧也不客气，把自己的侄子荀攸推荐给他了。

曹操亲自给荀攸写邀请信，荀攸来了，他就和人家促膝长谈，谈得兴奋了就封他做军师。曹操五大谋臣，荀彧、荀攸各占其一。

荀攸这货就是个传奇。

他们叔侄俩都是士族大家的公子，荀攸的爷爷荀昙是广陵太守。荀攸十三岁时，爷爷死了，过去在爷爷手下当差的一个人，叫张权，主动要求为荀昙守墓。

荀攸对叔叔荀衢说："这个人不对劲，脸上变颜变色的，估计是干了什么坏事儿。"荀衢就盘问他，果然张权是杀人逃亡，想借着守墓逃罪。

董卓烧毁洛阳，迁都长安，荀攸曾经主谋刺杀董卓，并且计划辅佐皇帝、号令天下，成就像齐桓公、晋文公那样的霸业。

——听上去有点想篡汉自立的节奏。

结果事情办得不机密，被人发觉，荀攸等人就下了大狱。同谋何颙忧惧自杀，荀攸该喝喝该吃吃该睡睡。然后他没等来自己被砍头，倒是董卓先被人砍了脑袋。

荀攸捡回一条命，弃官归乡，后来又被官府征召，考试名列优等，升迁为任城相，他也不肯去。

他想去蜀郡当太守，因为那里地势险要，城池坚固，百姓不缺吃穿。

——嘛，这看上去仍旧是想要自立的节奏。

只不过蜀道太难，难于上青天，他就停驻荆州了。

然后就接到曹操的信，从此成为曹操的军师，号称“谋主”妙计百出，算无遗策。

曹操得遇良才，荀攸得遇明主。

曹操夸他：“外愚内智，外怯内勇，外弱内强”，夸他们叔侄俩，“荀令君之进善，不进不休，荀军师之去恶，不去不止。”

叔叔是战略大师，侄儿是战术大师，曹操是用人大师。

颍川人郭嘉也蒙荀彧荐拔。

小伙子才二十多岁，曹操和他纵论天下大事，还没谈几分钟就大喜过望：“能助我成就大业的人，就是他了！”

其实郭嘉二十啷当岁的时候，就投奔袁绍去了。袁绍也蛮有修养的，对这个小家伙挺好，挺有礼貌，可是光有一礼贤下士的花架子，没本事，没韬略。

郭嘉挺失望：“袁公此人，光想仿效周公的礼贤下士，却不懂怎么使用人才；想得多，却抓不住重点；喜谋划，又下不了决断。难！”

于是他就走了，一气赋闲六年，直到遇见曹操，然后，大喜过望：“这才是我真正的主人！”

曹操任命郭嘉做司空祭酒，此后一直跟随左右。曹操统一北方，他功不可没。

第六节　为了那点羞羞事

如今，曹操手下文臣武将，一样不缺。皇帝的班底，就是他的班底。皇帝的金口玉言，就是他的金口玉言。多爽。

献帝下诏，责备袁绍，说他结党营私，不勤王事。袁绍就不敢不听，不敢不惊，上表辩护，说自己不是不勤王事云云——到底自己家四世三公，家学渊源，世代儒门，不敢不遵王统。

曹操试出了袁绍外硬内软无底线，就让献帝封他个太尉算作拉拢。但是曹操自己是大将军，位阶在太尉之上。

袁绍火了："曹操算什么玩意儿！几次都是我救他一死，如今竟爬到我头上拉屎！"

曹操怕了，又封袁绍大将军，自己则做了司空兼车骑将军。

袁绍有了面子，暂时不再发飙。曹操抹了一把汗，开始考虑自己养家糊口的事。

他想统一全国，不让这么多军阀乱蹦跶，只留下自己一个就好了。这样的话，就必须打。

要打的话，军需必须跟上。

曹操继续推行屯田，颁发《屯田令》："夫定国之术，在于强兵足食。秦人以急农兼天下，孝武以屯田定西域，此先代之良式也 。"

屯田的农民叫作"屯田客"，按照军事编制，不准随便离开土地。参加屯田的农民可以免兵役和徭役，但每年向政府交地租，这是民屯。

后来，曹操又组织军队开荒，把参加开荒的军队以营为生产单位，每营配有“佃兵”，这就是军屯。

屯田开始时是采取的强制的法子，士兵逃亡，杀他老婆抵罪；农民逃亡或抗税，当然也要如此严厉，甚至更严厉。但是这样效果并不好，曹操又实行自愿原则，凡愿意参加屯田的就吸收，不愿的也不勉强。越是这样，反而吸引来越来越多的流民。

一年后，仅许都附近，就收获谷物一百万万斛(一斛十斗)。曹操又在他势力范围内修水渠，治水渠。“十不存一”的荒凉人间，数年之中，就“仓储积粟，所在皆满”。

土地活了，百姓也活了。

曹操迁都和实行屯田都是在建安元年（196），是年，曹操四十二岁。

现在，天下格局逐渐明朗，不复以前那个“粥”样。

袁术在淮南称帝，孙策割据江南，吕布占了徐州——他把刘备赶出去了。刘表一直占着荆州，派人招降张绣，安排他屯兵宛城，替刘表抵御外敌。

所以张绣目前驻扎宛城，算是刘表的藩属势力。而且宛城离许都最近，威胁最大，张绣与荆州刘表结成联军，扬言要打进许都，劫走献帝。

目前形势，不必操心袁绍给自己背后捅刀子——袁绍正跟公孙瓒打架呢。

所以，他可以腾出手来，把吕布、张绣、袁术给收拾了。

第一个目标当然是张绣。

建安二年（197）正月，曹操出兵，驻扎淯水，张绣率全军投降。

曹操高兴得很。打仗神马的，最讨厌了，又死人又费钱。能投降最好，又能发财又能收地盘。

所以他宴请张绣及其将帅。曹操高坐在上，言笑豪迈。典韦扛着大斧子立在身后，斧刃长有一尺，寒光森森。曹操到谁座前敬酒，典韦就瞪着俩大眼珠子盯着人家看，谁也不敢抬头。

于是曹操一部分兵马入宛城，一部分兵马屯城外，十余里寨栅相连。

张绣也每天请曹操吃吃喝喝。

吃着喝着，曹操就下道儿了：趁着酒醉，偷偷问随从，城里有没有妓女。

他侄子曹安民也是个下道儿的，告诉他，有一个妇人，特漂亮，是死掉的张济的老婆——张绣的婶婶邹氏，就住在咱们旁边。

曹操按捺不住，派人把她带来，一看确实好看，张嘴就送个西瓜大的顺水人情：

“夫人哪，我为了你，才纳了张绣的降，要不然，你们一家子都要被我灭族的！如今，你可愿从我？”

夫人怎么办？夫人也很绝望呢，当天夜里就从了曹操。

又怕被张绣知道，又怕被外人议论，第二天俩人就搬出城外寨栅去没羞没臊了。典韦就扛着大斧子，瞪着俩大眼睛珠子，鼓着一身横肉，在房门口给他们守着。

但是哪有不透风的墙呢，张绣到底知道了：什么玩意儿啊，占了我的地盘，还给我亡叔戴这么大的绿帽！

然后曹操就中了张绣的偷袭。

夜里，他正跟邹氏偷着喝酒取乐儿，帐外乱哄哄的。曹操派人去看，回报说是张绣的军士夜巡呢。曹操想反正是降了自己的，就是自家的兵了，也就不再说什么，继续寻欢作乐。

将近二更天气，寨内一片声地叫喊起来，说是草车上着火了。曹操还舍不得起身呢，安慰这个新收的小老婆：“军人失火，你别起身惊动了。”没想到一会儿的工夫，四下里到处都有火着起来了。

曹操这才着了忙，急忙大叫典韦。典韦喝高了，正睡着，梦里听见鼓声咚咚，杀声震震，条件反射就跳起来，伸手去抓，却不见了双戟。张绣的人马已经杀到辕门，典韦急忙抽了步兵的腰刀在手，门口已经有无数骑兵，长枪如林，抢入营寨。

典韦奋力向前，砍死二十多个，骑兵刚退，步兵又杀到了，两边枪密密层层如苇子叶。典韦没有片甲遮身，上上下下被捅了几十枪，还在死战不休。刀砍卷了刃，就扔了不要，俩手提着两个士兵，抡着迎敌，乒乒乓乓又干死八九个。

张绣的士兵不敢再往前趁，离得老远地嗖嗖放箭，如同急雨。典韦拒守寨门，宁死不退，没想到敌人从寨后杀来，典韦后心中了一枪，大叫几声，血流满地，气绝。

死了半晌，还没有一个人敢从前门进来。

曹操趁着典韦死战，上马就逃。

敌人来势汹汹，誓杀曹贼。

曹安民被砍成肉泥，曹操的马也被射成刺猬。

长子曹昂把自己的马让给他爹，曹操继续上马逃命，曹昂也被射成刺猬。

为了自己那点子羞羞事，死了一个侄子，死了一个儿子，死了一个典韦。

▲ 曹操兵败濮阳

第七节　典韦嗷嗷嗷，满宠哦哦哦

曹操好容易脱身，后面追兵不止，拼命要逃回大营，却被人劈面报告：留守的于禁反了。

这还了得！

等回到大营一看，于禁早已凿堑安营，派兵射住阵角，戒备森严。

不一会儿，张绣追兵杀到，于禁出寨迎敌，杀得张绣大败，被追杀一百多里，带着残兵败将投奔刘表去了。

到这个时候，于禁才进大帐见曹操。

曹操又怒又笑："别人说你反了，咋回事？"

于禁说我没反，我是被你的青州兵诬告的。

原来夏侯惇带的青州兵劫掠百姓，被于禁带着本部军马剿杀，被逃回来的青州兵反咬一嘴。

本来有人劝于禁，趁着主公刚到，赶紧去解释一下，于禁说不行，敌人马上就来了，先准备迎敌再说。分辩小事，退敌大事。

曹操一听："好同志！"这才叫任劳任怨呢，这才叫反败为胜呢，古代的那些个名将都不如你。

于是赐于禁金器一副，封益寿亭侯；回过头来又治夏侯惇治兵不严之过。

然后派人把典韦的尸体运了回来——都碎了。曹操亲自浇奠，哇哇大哭："我死了长子，死了爱侄，都不如我死了典韦难过，啊嗷嗷嗷典韦呀啊啊。”

——他知道打仗就有死人的事，既然逐鹿，就有这个觉悟。

所以，儿子死了，侄子死了，甚至自己死了，那都是该的。

但是，上哪儿再去找典韦这样的一个死忠粉呢？

同时，他又通过眼泪，传递一个信息：

忠心于我，便得我爱重。得我爱重，则生受富贵，死享荣耀。

——典韦归葬襄邑，儿子典满拜为郎中。以后，曹操车驾每次经过，都以中牢祭祀。再后来，曹操追思典韦，拜典满为司马，引为近侍。

他死了儿子不咋难过，他的正妻丁夫人可受不了。曹昂的生母早亡，是丁夫人一手把曹昂带大，和他的亲娘一样一样的。

一听儿子死了，又一听儿子是因为曹操勾搭小娘们儿才死的，丁夫人对着曹操痛哭大骂：“你害死了我的儿子！”

哭闹一番，收拾包袱回了娘家。

曹操臊眉耷眼地回丈人家去接，丁夫人冷着脸，不搭理他。

他抚着老婆的后背：“跟我回去吧，嗯？”

丁夫人还是不理他。

他往门口走了两步，回头：“跟我回去，好不好？”

丁夫人还是不搭理他。

曹操脸上挂不住，一甩袖子，走了。

从此两个人就没关系了。

曹昂这个长子死了，给曹丕、曹植腾了位置。

丁夫人和曹操离了婚，给卞夫人腾了位置。

但是，丁夫人在曹操心里，始终占着位置。后来，曹操病重叹息：“我一生做事无悔，可是，假如死后有灵，子修（曹昂）问我他的母亲在哪里，我该怎么回答？”

其实，曹操不用担心失去了典韦，就不会再有像典韦这样的死忠粉。

他太会用人了，所以，收获了不少的强悍超人版和思维智慧版的迷弟。

他的知人善任是出名的。

比如满宠。

满宠试任高平县令的时候，县中督邮张苞贪污受贿，干乱吏政，满宠就把他抓起来打，结果打死了。满宠官也当不下去了，回了老家。

曹操迁都许县，任满宠为许县县令。结果曹操的从弟曹洪，他的亲戚、宾客在许县境内犯法，满宠又把他们都抓起来打。

曹洪向满宠求情，满宠不搭理。曹洪请曹操去求情，结果曹操还没到呢，满宠先把人给斩了。

结果曹操挺高兴的：“好，斩得好。就该这么负责任！”

满宠这家伙是挺狠的，他还抓了一个叫杨彪的人。

杨彪出身的弘农杨氏和汝南袁氏齐名，都是当时的名门大族。他的太爷爷、爷爷、爹，历代官居太尉，都是出了名的忠直。

杨彪也历任司空、司徒、太尉这三公显职，也是出了名的忠直。所以曹操挟着献帝定都许县，杨彪就很不高兴。

建安二年，袁术在淮南称帝，曹操就黑杨彪，说他和袁术是亲戚，所以和袁术有勾结，把他下了大狱。

将作大匠孔融听说了，朝服都来不及穿，大跑小跑地来见曹操，替杨彪辩解。曹操一推六二五，说这是陛下的意思。孔融气坏了，陛下的意思还不就是你的意思？

荀彧和孔融一看在曹操这里说不通，就给负责拷问杨彪的满宠写信，请他问问就行了，求求你了，千万别打啊——都知道他一打就把人打死了。

满宠照打。

荀彧和孔融气死了。

然后，满宠跑去见曹操："我把杨彪都快打死了，也没找到他勾结袁术的罪证。要想弄死他，就得有证据，否则全天下都交代不过去。您可想清楚。"

曹操无奈点头："哦哦哦。"只好把杨彪放了。

荀彧和孔融可感激满宠了。曹操也没把满宠怎么着，此后一路升官，寿终正寝。

说到曹操的用人，不得不说，是一绝。

第八节　砍瓜切菜

建安三年（198），曹操再征张绣。

此前，他曾经下令，士兵不许践踏麦田，犯者死罪。所以经过麦地的时候，骑兵都下了马，一个接一个弯腰扶麦，小心翼翼地通过。一个不小心就是死，太吓人了。

结果曹操的马给他打脸，一个蹶子尥到麦田里了，马背上坐着一个他。这可咋办，言出法随，自己也该个死罪。

曹操一本正经地让主簿议自己的罪，主簿一脸蒙：这可太难了。主公死了，留下我们这群人算干吗的？

想了想，他说：嗯，这个，春秋之义，罚不加于尊，所以，主公，那个，无罪，咳。

曹操说这怎么行！我自己制法犯法，下边人谁还听我的？不过，唉，孤是军帅呀，又不能自杀，干脆，我自我处罚吧。

宝剑一挥，把头发给割了撂地上，算是削了一回首级。

那时候的人讲究身体发肤，受之父母，不可轻易毁伤，所以那时候有髡刑，就是专门把人剃成秃子，当成刑罚。曹操割发代首，也讲得过去。

士兵更小心了。妈呀，主帅自己犯法都不饶哇。

这就是以身作则。

曹操率部南征，把张绣据守的穰城围得水泄不通。结果两个月也没有打下来，反而被张绣杀得奔逃十几里。

这天，曹军缓缓而行，至襄城，到淯水，曹操忽然在马上放声大哭。众人惊问咋地了，曹操说："我想起去年在这里折了我的大将典韦！"

曹操下令屯住军马，大设祭筵，吊奠典韦亡魂，他自己拈香哭拜。然后又祭侄曹安民及长子曹昂，并阵亡军士；连那匹射死的大宛马，也都致祭。

被杀得凄凉了。

这时，又收到消息，袁绍要乘虚来打许都。曹操立刻班师回援，张绣一看，衔尾急追。

刘表和张绣交好，也趁火打劫，派兵占了安众，扼险以待，切断曹操退军的必经之路。

曹操倒不着急了，写信给留守许都的荀彧："我在安定必定破敌。"

曹军抵达安众，前走无路，后退无门。曹操一方面暗暗埋伏伏兵，一方面趁夜色开凿险道，做出逃跑的架势。

张绣和刘表一见曹军要逃，马上全线压上，要把曹操干翻。

曹操见张、刘联军进了伏击圈，一声令下，伏兵四起，佯逃的也转回身包夹，把他们给包了饺子。张绣、刘表大败。

曹操胜利班师，回军许都。荀彧问："为什么你战前就知道此役必胜？"

曹操说："敌人把我置之死地，我就知道一定会胜。"

同样是置之死地而后生，曹操这个含金量高过项羽。

当年出兵钜鹿，项羽率军渡过漳河，把煮饭锅和河船全部砸碎，每人只携带三天的口粮，只进不退，要跟秦兵决一死战。

将士士兵如虹，九战九捷，钜鹿之战大胜。

说实话，赢得有些侥幸。只不过是把士兵逼入死地，激发出士兵不要命的气势，并没有动什么太深沉的心思。

项羽一辈子就只打过这一场破釜沉舟的成名仗，却犯了兵家大忌。不经计算一味胡打，如果失败，就是全军覆没的结局。

刘邦却在逆势之下能无所不用其极，一步一步审慎思虑，扩大战果。这才是为君者的典范。项羽输给刘邦，输得不冤。

曹操这次是借项羽“破釜沉舟”的壳子，走刘邦的路子。

曹操回许都，袁绍来信了，说自己想出兵攻打公孙瓒，来向他借粮借兵来了。

曹操心里明镜儿似的：袁绍气不忿自己迎帝许都，得如许好处，想鸠占鹊巢。本来想趁机发兵来着，一看自己回来了，就改个说法。

而且借粮借兵也可骄傲了，孤看得起你才跟你借，要是别人，孤还不借哪。

曹操如今有皇帝撑腰，受不了别人给脸子瞧，但是又觉得惹不起袁绍，心里憋屈得很。

郭嘉和荀彧都在，宽解曹操——事实上不是宽解。如果只来宽解，要你们这谋士何用，曹操的大老婆小老婆就够了。

郭嘉拿刘邦和项羽给他打比方：

刘邦一开始哪哪儿都比不上项羽，但是，他脑子好使，所以打败了肌肉巨人顶羽。

如今袁绍有十败，曹公有十胜，且让我来说给你听：

1. 绍繁礼多仪，公体任自然，此道胜也；

2. 绍以逆动，公以顺率，此义胜也；

3. 桓、灵以来，政失于宽，绍以宽济，公以猛纠，此治胜也；

4. 绍外宽内忌，所任多亲戚，公外简内明，用人唯才，此度胜也；

5. 绍多谋少决，公得策辄行，此谋胜也；

6. 绍专收名誉，公以至诚待人，此德胜也；

7. 绍恤近忽远，公虑无不周，此仁胜也；

8. 绍听谗惑乱，公浸润不行，此明胜也；

9. 绍是非混淆，公法度严明，此文胜也；

10. 绍好为虚势，不知兵要，公以少克众，用兵如神，此武胜也。

说白了，袁绍就是一个装模作样、装腔作势、倒行逆施、外宽内忌、用人唯亲、沽名钓誉、听信谗言、多谋少断、混淆是非、虚弱声势的浑蛋。

而曹公你，是顺应天性、顺其自然、治乱世而用重典、用人唯才、多谋善断、以诚待人、思虑周详、不听谗言、法度严明的君子。

所以，综上所述，败袁绍如砍瓜切菜！

第九节　贵圈儿真乱

曹操的黑名单上，袁绍还不是头榜。

头榜是吕布。

吕大帅哥占着徐州，曹操前脚去打袁绍，后脚吕布就会来抄他的老巢。所以，灭袁绍前，要先灭吕布。

要灭吕布，还需要先联络刘备。他和吕布的恩恩怨怨，就像一对狗男女，你是风儿我是沙，缠缠绵绵到天涯。

至于袁绍这里，先稳住要紧。于是曹操禀奏献帝，封袁绍为大将军、太尉，兼都督冀、青、幽、并四州。

袁绍高高兴兴打公孙瓒去了。

刘备和吕布之间不得不说的事太多了：

当初吕布被曹操打败后，无处安身，来到徐州，被刘备安置在小沛，使吕布有了安身之所；

吕布到小沛后，曹操去信，想让刘备杀掉吕布，刘备没听；

曹操挟天子以令诸侯，又下令让刘备去打袁术。刘备带着关羽同去，留下张飞守城。结果张飞饮酒误事，痛打了吕布的老丈人，吕布的老丈人怀恨在心，引着吕布夺走了张飞镇守的徐州。

那边厢刘备打袁术失败，张飞又丢了徐州，流落海西。在广陵穷饿侵逼，吏士大小自相啖食。

刘备认倒霉，派人向吕布请降。

吕布的部将劝他，刘备这个人，“反覆难养”，早杀早安生。

吕布不听。

吕布把部将劝他的话转述给刘备，刘备心里不安，请求自己屯驻小沛，离吕布远一些。吕布同意。

袁术要杀刘备，吕布辕门射戟救他一命……

乱世英雄恩仇记，跟乱世儿女情差不离。

吕布占了徐州，成就一方霸主，一个叫陈珪的，和儿子陈登一块儿给吕布灌迷魂汤，说他风姿卓绝，英明伟大，永远正确。

吕布可待见这个了，谁不愿意被人夸呢。

陈珪出身名门，和袁术都是公族子孙，自小儿的交情。长大后，袁术想自立为帝，想把陈珪召到自己身边，怕陈珪不来，抓了他的二儿子陈应。就这样，陈珪都不去，还写信骂了袁术一顿。

袁术想和吕布结儿女亲家，派人把吕布的女儿迎到淮南，这陈珪哪能干拿眼睛瞪着看？他忘情而投入地猛拍吕布马屁，劝吕布依靠曹操，别搭理袁术。

陈宫在旁边看得浑身起鸡皮疙瘩，这马屁拍得太过分了。私下里他警告吕布，陈珪此人没安好心，防着点。

吕布生气了："你无端在我跟前说人坏话，想陷害好人吗？"

然后，他把原本要嫁走的女儿又给追回来，派人送到许都。

吕布被授任左将军，陈珪的儿子陈登带着奏章赴许都谢恩——当初陶谦任徐州牧时，他任典农校尉；陶谦病死，他倾力主持刘备继任徐州牧。刘备被吕布赶跑，他和他爹一起，继续在吕布麾下上班，但是心里把吕布讨厌死了。

所以，他这次去，是和曹操商量怎么灭吕布来着。

后世人李贽说陈珪父子玩弄吕布就像玩弄没脑子的小婴儿，可怜吕布啥都不知道，还被哄得咯咯笑。

虽然吕布如今待刘备不赖，但是张飞记恨吕布夺了他哥哥的徐州，派人截夺了吕布买来的战马。

吕布怒了，带兵攻打小沛。

刘备逃到曹操那里，和曹操开始一起攻打吕布。

曹操手下大将夏侯惇带兵前进，正好和吕布手下大将高顺兵马相遇。二人大打一仗，高顺败下阵来。

夏侯惇纵马来追，高顺绕着阵跑。夏侯惇紧追不舍，被高顺阵营的曹性暗地拈弓搭箭，瞄得准准的，一箭射去，正中夏侯惇左目。夏侯惇大叫一声，急用手拔箭，不想连眼珠拔出，大叫一声："父精母血，不可弃也！"一把塞嘴里吃掉了！

吃掉自己的眼珠子后，夏侯惇挺枪纵马，直取这个放暗箭的。曹性猝不及防，被一枪搠透面门，死于马下。两边军士无不失色。

夏侯惇，猛人也！

这是《三国演义》里的故事，事实上，拔矢或许有，啖睛倒未必。《魏书》里只讲他跟着曹操征讨吕布的时候，被流矢射中左目。当初夏侯渊和他都是将军，大家称呼起来不好区别，就给他起了个外号，叫“盲夏侯”。夏侯惇讨厌这个外号了，照镜子的时候看见自己瞎掉的左眼，把镜子一把给摔地下。

曹操、刘备、吕布这三个男人间的故事，堪比一出男女爱情大戏，“小三”的身份换着当。

贵圈儿真乱。

第四章
丰草渐已没马蹄

第一节　大丈夫说不出去，就不出去

曹操和刘备拧成一股绳，日夜围打下邳。

吕布好烦恼。他和陈宫、高顺一登上下邳城的南门——白门楼督战，就看见楼下敌兵如蚁，团团围困。

这时候曹操有信来了，吕布想，要不然，就坡下驴，降了算啦？

陈宫赶忙阻止：

“万万不可。敌强我弱，你到了他手里，还能保住性命？曹操远来，兵多粮少，时间长了，光军需就能耗死他。”

所以，他建议吕布带一支精兵，驻扎在城外去。陈宫和高顺带一支军队驻守在城里。这样互相响应，内外夹攻，曹贼必败。

吕布回府，就准备收拾收拾带兵出城，这时候，他老婆不干了：

“你扔了全城，不要了妻子，孤军远出，一旦有变故，我还能再当你老婆不？”

吕布一下子就犹豫起来，窝在家里三天不出门。

这天，陈宫又来催：“曹操的军队四面围城，再不趁早出去，会被困死。”

吕布说：“嗯，这个，我想，远出不如坚守……”

陈宫说，算了，你不想出去驻扎也行。我听说曹操军粮少，派人去许都取了，这早晚也快来了。将军你可以带着精兵去断他的粮道。

吕布又回屋跟他老婆说这事，他老婆一听就哭了：

“将军哪，你出去了，陈宫、高顺哪里能守得住城？万一有点差池，后悔可就来不及了！过去在长安，我就被你抛弃，好容易和你相聚；谁知道如今你又想扔下我！算了算了，你走吧，希望你前程万里，千万不要挂念妾身呜呜呜。”

吕布犹豫，再犹豫。

他老婆一看，不行，再加把火：

“陈宫和高顺素来不和，你出了城，这俩人不能同心，如果城池失守，你要往哪里立脚？何况，曹操过去待陈宫那么好，跟他爹抱着他这么个大儿子似的，陈宫还叛离了；你待陈宫能超过曹操不？你竟然还想把全城都交给他，把老婆孩子托给他。一旦有变，我能活不？”

吕布坐椅子上，胳膊抱着脑袋，勾着头。

外边陈宫还等着，总得要给他一个交代。想了想，吕布出去了：

“曹操军粮的消息，我看是他放出来的假消息。曹操这个人心眼多得很，我们不能随便乱动。”

陈宫：“……”

陈宫失魂落魄地走了，吕布吩咐摆酒。

又有谋士进来了：将军，实在不行，向袁术求救吧。他不是想跟你结亲吗？到时候和他内外夹击，干死曹操。

吕布眼睛一亮，咋把这回事忘了。马上写信，派人冲出城围，送到寿春。袁术见信，只说了一句话：“先送女，后发兵。”

使者回来告知，吕布发愁了：“这可怎么送？”

本来就大军围城，尤其是使者一来一回地冲阵，曹操早有了准备，一般人真冲不破这铁桶般的重围。没奈何，就得他亲自上阵。

夜里，二更时分，吕布把女儿用布绵缠裹了，外面罩上军甲，背在背上，提戟上马，强行开门冲阵。没跑多远就被曹兵发现，强弓利箭逼得吕布前进不能，仍退回城中。

这下子，吕布给围死了。

曹操其实也烦，一个下邳城，两个月都没攻下来，干脆退兵算了。

荀攸不同意："吕布屡败，已经折了锐气。将是军之魂，他衰了，他的士兵也就衰了。陈宫虽然有谋略，但是反应迟钝，也不足为虑。唯今之计，不是要撤兵，而是要加紧攻打。"

郭嘉也凑上来："某有一计，下邳城可立破，胜于二十万师。"

荀彧也凑上来："你说的，莫非是要挖开沂水、泗水，水淹下邳？"

郭嘉笑了："正是此意。"

三个谋士，你一言我一语，就把曹操的大方向给定了，看起来一点都不吃力。不像陈宫对吕布，那叫一个吃力，还没用。

曹操大喜，马上派人挖决两河。曹兵居于高原，坐视水淹下邳。

吕布神烦，他手下又给他添堵。

吕布手下有一个健将侯成，有十五匹马被养马的人偷走要献给刘备，被他追了回来。众将官都给他祝贺。他酿了些酒，要和众将一起喝，又怕吕布怪罪。仗着和吕布关系不错，给他拿了五瓶酒送过去。

没想到吕布大怒："我刚下令禁酒，你就酿酒会饮，是不是想要和别人合谋和我作对！"命人推出斩了。

宋宪、魏续等众将都替侯成求情，吕布才饶了他的死罪，打了五十大棒放回去。这下子酒也喝不成了，大家都垂头丧气。

这天，替侯成求过情的人都来看他，大家商量一番：兵临城下，吕布光和大小老婆喝酒，也不管将士们的死活，不如大家都走吧。

后来又一想，不对，左右是左右！逃都要逃了，干嘛不绑了吕布献给曹操呢？

于是，夜里，侯成盗了吕布的赤兔马，魏续放他出了东门，径投曹操，告诉他他们准备献城。

曹操一听，马上命人写了榜文，用强弓硬弩射进城内，告诫城中军民：凡是抗拒大军的，都要死；擒着吕布来献的，或献他的人头的，都加赏。

第二节　白门楼

城中污水遍地，人心摇荡。次日天明，曹操发动进攻，城外杀声阵阵。

吕布大惊，提戟上城，各门点视，责骂魏续走透侯成，失了战马，欲待治罪。城下曹兵望见城上白旗，竭力攻城，布只得亲自抵敌。从平明直打到日中，曹兵稍退。布少憩门楼，不觉睡着在椅上。宋宪赶退左右，先盗其画戟，便与魏续一齐动手，将吕布绳缠索绑，紧紧缚住。布从睡梦中惊醒，急唤左右，却都被二人杀散，把白旗一招，曹兵齐至城下。魏续大叫："已生擒吕布矣！"夏侯渊尚未信。宋宪在城上掷下吕布画戟来，大开城门，曹兵一拥而入。高顺、张辽在西门，水围难出，为曹兵所擒。陈宫奔至南门，为徐晃所获。(《三国演义》)

吕布被抓了。

曹操进城，和刘备一同坐在白门楼上。

白门楼从此就出了名。此前，它只不过就是下邳南城门的一座白色的城门楼而已。

吕布两米多的大个儿，被紧紧捆成一团，拉扯上来。吕布大叫："绑太紧了，给松一下！"曹操就笑：

"绑老虎呢，不紧怎么成。"

吕布一看，侯成、魏续、宋宪都站在旁边，不由一怒："我待你们众将官不薄啊，为什么背叛我？"

宋宪嗤之以鼻："只听你大小老婆的话，不听将官计谋，这叫不薄？"

吕布："……"

高顺也被擒，一言不发，曹操命人斩了他。

陈宫也被擒，曹操收敛笑意，沉沉问道："公台，别来无恙？跟着我好好的，怎么跑啦？"

陈宫唾他一口："你心术不正，所以我不跟你。"

曹操有心放了他："我心不正，你又怎么去跟着吕布混啦？他心术就正吗？"

陈宫说："吕布虽然脑子笨，起码不像你那么阴险。"

曹操咳一声："你自命足智多谋，怎么今天落我手里？"

陈宫看着吕布，恨恨连声："都是这人不听我话！"

曹操问："今天这事儿，你看咋办？"

陈宫梗着脖子："死了算𠃊！"

曹操心里难过："公台，你死了你的儿子怎么办啊？"

陈宫沉默了一下："我听说，以仁治天下的明君，是不会杀别人的儿子的。"

曹操点了点头，又问："公台，那你死了后，你的母亲又怎么办呢？"

良久的沉默，陈宫声音低微："我听说，以孝治天下的人，是不会杀别人的母亲的。"

曹操泪下来了。

陈宫被杀，他的家人一直由曹操供养起来，他的女儿也被曹操送嫁。

陈宫引颈就戮，被带下行刑，曹操起身送陈宫下楼，吕布趁机向着座上的刘备求告：

“刘公，如今你是座上客，吕布如今是阶下囚，怎么不替我说句话，宽免我一下下？”

刘备不语，微笑点头。

吕布心头一定。

等曹操上楼，吕布叫：

“明公啊，你怕的不过就是我吕布。如今我已经服了，你做大将，我给你做副将，天下都不难平定哟。”

曹操思忖一下，回头问刘备：“玄德，咋样？”

刘备点头回答：“曹公，你没见过丁原和董卓的事儿吗？”

丁原认了吕布当干儿子，然后被吕布干掉了；董卓认了吕布当干儿子，然后也被吕布干掉了。这主儿，就是一个噬主的凶兽啊！

吕布一听，刘备你忽悠我！拿眼瞪他：“你这个王八羔子，最不讲信誉了！”

曹操命人把他牵下楼吊死，吕布一边挣扎一边回头大叫：“大耳贼，你不记得辕门射戟的时候了吗？”

就这样，吕布死了。空有赤兔马一匹，逃不出生天去；空有方天戟一枝，杀不出血路去。

吕布好战，又有好战的本事，但是总是吃败仗，到处被人撵，忙忙如丧家犬；又到处依附别人，像一只大号的寄生蟹。

然后又靠谁坑谁。先后依附过丁原、董卓、王允、袁术、袁绍、张杨、刘备，还差点想投靠曹操。其中，丁原、董卓、袁术、刘备、曹操都被他坑了。

当然，最后他是被刘备反坑了，也算是他自己把自己坑死了。

当初曹操奏封吕布为平东将军，吕布大喜。

正值此时，袁术也派人来催他把女儿赶紧送到淮南去。吕布杀了来使，绝了婚事，派热衷于忽悠他的陈登拿着谢表去见曹操，想让皇帝（其实就是曹操啦）封他为徐州牧。

陈登此时就密谏曹操，早点杀了吕布，而且答应为他当内应。

曹操一高兴，封了陈登的父亲陈珪秩中二千石，又封陈登为广陵太守。

陈登回来见吕布，吕布一听大怒："你爹教我协同曹操，绝婚袁术，如今我一点好处没得，你父子却得这么大的好处！"拔剑就要砍。

陈登大笑："我见了曹公，告诉他，养将军就好比养老虎，一定要让老虎吃饱，否则老虎就要吃人。曹公却说，'你说的不对。我待温侯，就像养鹰。狐兔还没逮完，就不能让他吃饱。他吃不饱还能为我所用；他吃饱了就飞了。'"

吕布一听，把剑一扔，笑了："还是曹公知道我！"

怪不得后人有诗说他：

洪水滔滔淹下邳，当年吕布受擒时。
空余赤兔马千里，漫有方天戟一枝。
缚虎望宽今太懦，养鹰休饱昔无疑。
恋妻不纳陈宫谏，枉骂无恩大耳儿。

吕布求生不得生，他手下一员大将，却求死不能死。

这个人是张辽。

手下武士推拥着张辽到了曹操跟前，曹操指着张辽，故意惊奇一下："咦，这个人怎么这么眼熟。"

张辽看他一眼："濮阳城里咱们相遇，你忘啦？"

曹操笑了："原来你记着这回事啊。"

张辽也笑了："可惜了。"

曹操问："可惜什么？"

“可惜那天火不大，没烧死你这国贼！”

曹操大怒：“贼将，你敢欺我”，拔剑就剁。张辽盯着他，面无惧色。

曹操背后一人攀住他的胳膊，又有一人跪在他面前：“丞相，别杀。”

求情的是刘备和关羽。

曹操瞬间就呵呵地笑了——他看见人才走不动道，刚才是被张辽骂急了，磨不开面儿，如今有人劝，还不是就台阶就下。把剑一扔，过来解了张辽的绳子，把衣裳给他披上，请他坐下。

张辽从鬼门关里走了一遭，犹豫了一下，到底是降了。

曹操拜他为中郎将，赐爵关内侯。

第三节　一个没有曹操的世界

建安三年（198），曹操杀了吕布，占了徐州，回了许都，继续备战——冀州袁绍正蠢蠢欲动呢。

就在这一年，孙策逐步占据了江东。

小军阀不断被吞吃、合并，剩下的这几位，都是资深大佬。

曹操和吕布打架打得正欢的时候，汉献帝也没闲着。

他在密谋大事。

可怜的汉献帝刘协，像个被曹操捏在手里的小鸡仔，除了唧唧叫，没有屁本事。

照理说，外面凄风苦雨，他待在皇宫锦衣玉食，这么过一辈子也不赖。可是人都是有理想的，否则和一条咸鱼有什么分别？既是在皇帝位上，自然想做一个正正经经能够发号施令的好皇帝。

▲ 三英战吕布

这天，他和刘备许田打围，大家都分散开了，只有曹操和刘备、关羽三人在一起。关羽给刘备使眼色：“杀了他。”

刘备摇摇头，没答应。

当初，吕布夺了刘备的下邳，刘备无奈投奔曹操，曹操待之以礼，出则同舆，坐则同席。表刘备为左将军。这个时候，发生了一件事。

曹操和刘备东征吕布，关羽看中了吕布营中的一个美女杜氏，她原为吕布手下将领秦宜禄的老婆，生子秦朗。

于是，关羽去拜见曹操，说：“我的妻子无法生育，城破了之后，请求以秦宜禄的妻子为妻。”

曹操答应了。

攻破吕布后，关羽再次提出这件事，就勾起了曹操的好奇心，想着去看看是啥样的大美女。结果曹操一看，他也爱上了，干脆收了这女子。

于是杜氏成了曹操妾室，先后给曹操生了二子一女。

关羽气死了。

此时许田打围，关羽要杀曹操，一方面是为国家大义，一方面也不见得没有干掉情敌的意思。

打猎时，人人持弓，箭闪寒光，天高地阔，阳光肃杀。关羽向刘备低声示意：“做掉他？”

只要刘备一点头，几步之外，曹操中箭喋血。此后就不知道天下是何种格局。

就像拍电影一样。

真是一念之间，另外绽开一个没有曹操的世界。

成天被人压着打是什么感觉？

献帝太知道了。

他对伏皇后诉委屈，伏皇后说：满朝公卿，吃的都是大汉的俸禄，就没有一个人挺身而出吗？

这时候伏皇后的父亲伏完出场，保举一人，说是可除国害——车骑将军董承董国舅。

但是，皇宫里到处都是曹操的耳目，皇帝就写了一道血诏，让伏皇后密密地缝在玉带的衬里儿里，然后皇帝穿上锦袍，系上这条玉带，命人宣董承进来。

董承来后，皇帝打着慰劳国舅大功的旗号，引着他到太庙看高祖皇帝画像和左右两个辅臣：张良和萧何像，然后偷眼看左右从人离得较远，偷偷给董承许好处：

“以后你也要像这俩人一样，站在我的一边。”

然后把自己身上的衣袍和玉带赐给他，还特别地指着袍带递暗号：“爱卿，你要穿朕的这件衣袍，系朕的这条玉带，就像一直保护在朕的左右啊。”

董承要走，他还不放心，再叮嘱：“你回去之后要仔细地看啊，一定要看仔细啊。”

这皇帝当得，好心塞。

这君臣相见像特务接头，好心塞。

偏偏有人报告了曹操，曹操马上就来了，和正出宫门的董承遇个正着。

曹操盘问：国舅从哪里来？

董承老实回答：天子宣召，赐了我锦袍玉带。

曹操再问：为什么赐？

董承说：天子念我旧日西都救驾的功劳。

曹操心眼儿多：把玉带解下来给我瞧瞧。

董承心里怦怦跳，迟迟疑疑，曹操喝令左右：赶紧给我解！

拿到玉带，曹操正看反看，上看下看，透着光看，举头顶上看，看来看去也没看出啥名堂，干笑两声：“果然是条好玉带！再脱下锦袍来借看。”

董承心想：要死了要死了。

曹操又提着衣裳正看反看，上看下看，凑跟前看，举得远远地看，对着太阳仔仔细细地看。看完了，还不还，自己穿起来，把玉带也系上，问左右：“我穿咋样？”

左右当然都说好。曹操顺杆爬：“我穿着好看，国舅你就把这袍带转赐给我呗？”

董承吓死了：“皇帝所赐，不敢转赠啊。要不然容我再做一件奉献吧。”

曹操脸子一沉：“国舅，你受皇帝衣诏，是不是有什么见不得人的事？”

董承脸煞白：“我怎么敢，我怎么敢！丞相想要，那就送你了。”

曹操哈哈一笑：“我开玩笑的。”三下五除二，把袍带脱下来还了。

董承抱着袍带，一步步往外挪，腿都软了。

第四节　汉献帝是只NPC

董承回家，也像曹操一样把锦袍和玉带研究半天，一无所获。折腾大半晚上，实在困了，想睡觉，结果灯花把衣带烧一个洞，这下子烧出血字来。拆开一看，可怜的皇帝咬破手指头写的血诏：

“朕闻人伦之大，父子为先；尊卑之殊，君臣为重。近日操贼弄权，欺压君父；结连党伍，败坏朝纲；敕赏封罚，不由朕主。朕夙夜忧思，恐天下将危。卿乃国之大臣，朕之至戚，当念高帝创业之艰难，纠合忠义两全之烈士，殄灭奸党，复安社稷，祖宗幸甚！破指洒血，书诏付卿，再四慎之，勿负朕意！建安四年春三月诏。”

——到底有没有血诏，其实历史上一直没有定论。但是以后事件情节都是围绕着这个所谓的“衣带诏”来展开的。

汉献帝就像游戏里的NPC，发布任务，曹操、刘备等玩家就一局一局地玩下去。

一边是威严值欠费的皇帝，一边是威严度爆表的曹操，董承心里苦。

一般情况下，人还是能够心想事成的，配合他的角色们一个一个地来了。

先是侍郎王子服，然后是将军吴子兰和长水校尉种辑、议郎吴硕。

大家磨刀霍霍向曹操。

其中就有刘备。

他也是诛曹同盟军的一员。

一方面，他手上有兵力。另一方面，他的身份是“皇叔”，而且被封左将军。天生的是刘家人。

所以，这天，董承带玉带诏来见刘备，刘备二话不说就同意了。

刘备和曹操之间，从此算是彻彻底底掰了。

刘备变了心，表面就一定更谨慎，他就开始在自家后园子里种起菜来。

其实曹操一直关注着刘备，觉得这个刘皇叔忒低调，也不知道他打的什么主意，干脆叫他来聊聊。

刘备不敢不去。

结果去了一照面，曹操当头就笑：“你在家做得好大事！”

一句话吓得刘玄德面如土色。

曹操说也没别事，请你来聊聊天。两个人就摆上一盘青梅，一樽煮酒，海聊起来。

曹操想起来当年征讨张绣，路上士兵口渴，他扬鞭遥遥一指："快走，前面一片好大的梅林。"士兵一下子口水都出来了，精神振奋，一路加急趱行。

正好闹天气，打雷闪电的，曹操意有所指，话题由天上的雷电扯到了龙上：

"你知道龙有什么变化不？"

刘备说我不知道。

曹操说："龙啊，能大能小，能升能隐；大则兴云吐雾，小则隐介藏形；升则飞腾于宇宙之间，隐则潜伏于波涛之内。龙乘时变化，就像人的得志而纵横四海。龙可比世上英雄。玄德你久历四方，对当世英雄必定有深刻了解，给我说说怎样？"

刘备："淮南袁术兵精粮多，算不算英雄？"

曹操笑了："冢中枯骨，我早晚抓了他！"

刘备："河北袁绍，四世三公，门生故吏极多；如今占着冀州，手下能人极多，算不算英雄？"

曹操再笑："袁绍色厉胆薄，好谋无断；干大事而惜身，见小利而忘命：不是英雄。"

刘备："有一个人号称八俊，威镇九州：刘表刘景升，是英雄不？"

曹操继续笑："刘表虚名无实，不是英雄。"

刘备："有一个人，血气方刚，江东领袖——孙策孙伯符，是英雄不？"

曹操摇头："孙策靠的是他爹的名头，不是英雄。"

刘备："益州刘璋刘季玉？"

曹操再摇头："刘璋虽然是皇家宗室，不过一只看门狗，凭什么称他是英雄！”

刘备：“像张绣、张鲁、韩遂等人，是英雄不？”

曹操鼓掌大笑：“这群碌碌小人，何足挂齿！”

刘备说那我就不知道了。

曹操说你不知道，我知道。什么是英雄？胸有大志，腹有良谋，有包藏宇宙之机，有吞吐天地之志，这样的人才是英雄。

刘备说谁能当这样的英雄啊？

曹操说远在天边，近在眼前！指指刘备：“你，”再指指自己，“我，如今天下英雄就是我们两个！”

天边咔嚓一声，惊雷炸响，刘备手一抖，筷子应声落地。“哎呀！”他低头去捡，迅速敛起神色，再抬起头来，一派波澜不惊，“雷声好大。”

曹操笑了：“大老爷们儿也怕打雷啊？”

刘备说：“圣人听见疾雷烈风也变脸色，我怎么能不怕。”

曹操哈哈一乐，觉得刘备也不过一只胆小鬼嘛。

这是《三国演义》里的一场大戏，二人对谈，隐有风雷。

历史上，论英雄是有的，青梅就不存在了。《三国志》里这样说的：

是时曹公从容谓先主曰：“今天下英雄，唯使君与操耳。本初之徒，不足数也。”先主方食，失匕箸。

应当是两个人正吃饭的时候，大约也未必是特地把刘备请过来说这番极有深意的话的。不过把刘备吓一跳是真的。

刘备：我也有大志，我也想有天下，而且我还想杀你，并且通过干掉你来让我上位，你说这话，还不把我吓死。

第五节　骂曹

经过这一回子事，刘备是真害怕了。

就在这时，袁绍灭了公孙瓒。袁术没本事自立为帝，就想把帝号归给袁绍。玉玺在袁术那里，亲自把玉玺给哥哥送来。

刘备对曹操说，袁术投奔袁绍，徐州是必经之地，某愿意带一支兵马去半路截击，逮住袁术，给丞相送来。

曹操一听，没毛病，奏明皇帝，给了刘备五万兵马。

刘备一回住处，立马收拾，口里连催："快，快，快"，跟逃难似的，就起兵走了。

郭嘉、程昱刚出差回来，听说刘备走了，马上来找曹操：明公，为什么要给刘备兵马，这不明摆着放虎归山吗？

曹操马上派人去追，刘备怎么还肯回来。

这一去虎入深山，飞鸟投林，俩人正式开撕。

刘备到了徐州，杀了守将，自己做了徐州牧。各郡县闻风来附。

刘备又派人到袁绍那里缔结同盟。

袁绍挺不乐意的——刘备刚把他弟弟给干掉了。

袁术这家伙，享受惯了，被打得只剩一千来人，都是老弱病残，大家吃不上饭，好多人都饿死了，袁术还嫌饭粗不能下咽，让厨子给他拿蜜水来解渴。厨子大约是忍无可忍，怼了他一句：

"只有血水，哪里来的蜜水！"

袁术一听，大叫一声，从床上栽到地下，吐血斗余。死了。

不过，为了王霸大计，袁绍还是答应和刘备联手。

为了打曹操，袁绍专门让书记陈琳写了一道檄文，把曹操骂得，挖坟掘墓：

“司空曹操，他爷爷曹腾，是从前的中常侍，和左悺、徐璜，同时兴风作浪，骄横放纵，损害风化，虐待百姓。

“他爹曹嵩，是曹腾收养的干儿子，借助曹腾的地位，乘坐金车玉辇，勾结权势，篡夺皇位，颠覆皇权。

“曹操，是死太监的后代，本来就没什么品德，狡猾任侠，喜欢制造动乱和灾祸。”

骂他奸恶弄权：

“放纵专行，住在宫内，玷污王宫。专制朝政，封爵、赏赐都他一人说了算，判罪、诛杀都出自他一人之口。他喜欢谁，就让谁家的五族亲表都跟着沾光；他讨厌谁，就杀了谁的三族老少。谁敢公开议论他，他就在公开场合杀了人家；谁敢私下里议论他，他就秘密地杀了人家。人们走在路上，只敢远远地看一眼就当打招呼；文武百官，谁也不敢说话。尚书只是名义上主持朝会，公卿们只是名义上充当官职！”

骂他发死人财：

“前任太尉杨彪，历任司马、司徒、司空，位置极高，曹操因为小怨，就诬告他，棒打他，鞭抽他。

“议郎赵彦，忠谏直言，曹操擅自逮捕他，杀了他。这事儿皇帝事先都不知道。

“梁孝王是先帝的亲弟弟，他的陵墓都让曹操给挖了，棺材都破拆了，尸体都暴露了，金银财宝都偷走了。到现在朝廷还流泪，百姓还感伤！

“曹操打徐州，烧人家房，挖人家坟，牵连了梁孝王的陵墓，曹操知道也不过问。不但不过问，还成立所谓的发丘中郎将、摸金校尉，专门发死人财。他就是这么一个夏桀、商纣一样的东西，祸国殃民，毒害人鬼。

“他制定苛捐杂税，搜刮民脂民膏，为防受害，到处设下陷阱，兖州、豫州百姓动都不敢动，京都民怨沸腾。

“翻遍古今书籍，上面记载的贪残虐烈无道的大臣，曹操最厉害！”

骂他想谋朝篡位：

“曹操派七百精兵，围守皇宫，对外说保卫皇上，其实是拘禁皇上。大家洗干净眼睛看着吧，他不定什么时候就篡位了！”

下面是赏格：能获得曹操人头的，封为五千户侯，赏钱五千万！

曹操本来就有头风病，正头疼得死去活来，床都下不了，念完这道檄文，毛骨悚然，出一身冷汗，头风顿愈，一跃而起，猛夸陈琳：

“写得好！”

后来袁绍失败，陈琳落到曹操手里，曹操问他：“你骂我就算了，为什么连我家祖宗都骂上啦？”

抱怨两句，任命他做了司空军谋祭酒，管记室，军国书檄多由他和阮瑀去写。

建安七子，陈琳占了其一。到现在，我们还能读到他的《饮马长城窟行》：

饮马长城窟，水寒伤马骨。
往谓长城吏，慎莫稽留太原卒！
官作自有程，举筑谐汝声！
男儿宁当格斗死，何能怫郁筑长城。
长城何连连，连连三千里。
边城多健少，内舍多寡妇。
作书与内舍，便嫁莫留住。
善待新姑嫜，时时念我故夫子！

报书往边地，君今出语一何鄙？

身在祸难中，何为稽留他家子？

生男慎莫举，生女哺用脯。

君独不见长城下，死人骸骨相撑拄。

结发行事君，慊慊心意关。

明知边地苦，贱妾何能久自全？

那个年代出来的才子，都见过死人，尝过战乱，文字沉郁，像棉花里沉甸甸含满了命运的黄连汁。

第六节　搞事

袁绍兵多将广，来势汹汹，孔融劝曹操议和，荀彧反对，二人在曹操面前争执起来。

孔融列举他的理由：

“袁绍部下如许攸、郭图、审配、逢纪都是智谋之士；田丰、沮授都是忠臣；颜良、文丑勇冠三军；其余高览、张郃、淳于琼都是当世名将。”

荀彧反驳：

“袁绍兵多而不整。田丰刚直而犯上，许攸贪婪而不智，审配专一而无谋，逢纪果敢而无用：这几个人，互相不和，必生内变。颜良和文丑是匹夫之勇，一战可擒。其余都是庸庸碌碌的家伙，就算有百万，也没戏。”

曹操大笑，调兵遣将，派刘岱和王忠攻打刘备；自己引军二十万，抵敌袁绍。

荀彧料得不错，袁绍手下许攸和审配不和，沮授又和这两人都不和。他们都在袁绍面前乱嘈嘈，袁绍也心思不定，也不想着进攻。

曹操就派臧霸守把青州和徐州，于禁和李典屯兵河上，曹仁总督大军，屯在官渡。曹操自己又回了许都。

曹操派出去打刘备的兵马被关羽和张飞杀得大败。刘备派关羽守住下邳，刘备的甘、麋二位夫人也在下邳安置。孙乾、简雍、麋竺、麋芳守徐州。玄德与张飞屯小沛。互为犄角，严阵以待。

曹操想亲自带兵打刘备，孔融建议他如今隆冬，不宜兴兵，不如等来年开春。现在先招安了张绣和刘表，然后再琢磨着刘备盘踞的徐州。

巧得很，张绣那里，袁绍也去招安了，但是他的招安太没有说服力了：他和弟弟袁术都打死打活的，还能容得下别人吗？所以，张绣只有一条路：投奔曹操。

恰好曹操也派人招安，二人一拍即合。当初曹操占了他的婶子，他又把曹操撵得如丧家之犬，如今两个人又尿一壶里了。

张绣被封扬武将军，他麾下谋士贾诩为执金吾使。

曹操又要招降刘表，贾诩建议他请一个名流文士去做说客，这样刘表就肯降了。

于是，孔融推荐了他的好友祢衡。

祢衡是个狂士，把曹操手下的人都贬得跟土鸡瓦狗也似。

曹操怒了，让他当一个鼓吏。

这天，曹操大宴宾客，让鼓吏出来敲鼓。祢衡的差事来了。

按照规定，鼓吏要换上新衣裳。祢衡不吃这一套，穿着旧衣就进来了，敲出一出《渔阳三挝》。好听得很，激昂慷慨，坐中客人，慷慨流涕。

曹操两边侍从喝问：“怎么不换衣服！”

祢衡脱下一身又旧又破的衣裳，光着屁股站在大家面前。看着客人都捂住了眼，他才慢慢把裤子穿起来。

曹操再也忍不住了："庙堂之上，怎么如此无礼？"

祢衡回怼："欺君罔上才是无礼，我不过是显露父母给的形骸，给大家展示我的清白之躯。"

曹操眯细了眼："你是清白了，那，谁是污浊的？"

祢衡张开了嘴："你不识贤愚，是眼浊；不读诗书，是口浊；不纳忠言，是耳浊；不通古今，是身浊；不容诸侯，是腹浊；常怀篡逆，是心浊！我，天下名士，被你给当成一敲鼓的，你想成王霸之业，就这么对待贤人吗？"

——那意思，你既然想成王霸之业，就要好好地看重我，这样我就不骂你是眼浊、口浊、耳浊、身浊、腹浊、心浊了。

一边就座的孔融汗都下来了。

孔融偷眼看曹操，曹操的手抓啊抓的，抓着刀柄，一会儿紧一会儿松，这是动了杀心了。他赶紧起身：

"明王啊，祢衡只是一个普通的罪人，不劳明王您去杀了他，否则只会败坏您自己的名声，阻碍您实现王霸天下的梦想。

曹操想了想，眼珠子转了转，随时随地动心眼的技能再次发动。看着左右跃跃欲上，分分钟想教祢衡怎么做人，他下令派他去往荆州做使者，"如能说动刘表来降，我就封你做公卿"。

祢衡挣扎着不肯去，宁可去蹲监狱。

曹操派人备马，两个随从架着他出门。同时令手下文武，在东门外整酒送行。

荀彧难得地发起杠劲，告诉大家：

"如果祢衡来，都不许起身迎他。"

祢衡到后，看见的就是满满的文武官员，排排坐。

他放声大哭。

荀彧发问："为什么哭？"

祢衡："我走在一大片棺材板中间，怎么不哭？"

大家一听，气坏了："好哇，我们是死尸，你就是一个没脑袋的狂鬼。"

祢衡："我是汉朝臣子，才不做曹阿瞒的党羽，怎么会没有头？"

大家拔刀的拔刀，抽剑的抽剑，没兵刃的想上手掐。

荀彧急忙伸手制止："他不过是一只老鼠麻雀，何必污了咱们的宝刀。"

祢衡这个杠精，来一个怼一个，来一句怼一句："我是老鼠麻雀，我还有人性；你们就是肉虫子！"

大家酒也不喝，菜也不吃，恨骂连天，一哄而散。

第七节　还有谁？

祢衡好歹也算是一个使者了，所以虽然不愿意去出使刘表，还是去了。见了刘表，也还是给他歌了歌功，颂了颂德。

但是，他的嘴实在太臭了，说好话也像说赖话，明着夸暗里讽，刘表特别讨厌他，就让他去江夏见黄祖去。

——他也不肯杀祢衡。他知道曹操不杀祢衡是因为祢衡是名士，不能杀，杀了失人心，所以想借他的手杀人。

黄祖性情暴躁，祢衡在他手里活不过三集，所以刘表照样使了一招借刀杀人计。

《三国演义》里描述：

黄祖与祢衡共饮，皆醉。祖问衡曰："君在许都有何人物？"衡曰："大儿孔文举，小儿杨德祖。除此二人，别无人物。"祖曰："似我何如？"衡曰："汝似庙中之神，虽受祭祀，恨无灵验！"祖大怒曰："汝以我为土木偶人耶！"遂斩之。衡至死骂不绝口。

真是，作死的人不需要理由。

祢衡就像要糖吃的小孩儿，人家给了他糖吃，他觉得糖不够大，味儿不够美；人家不给他糖吃，人家就是大坏蛋，该死，该天诛地灭，然后写一万字的文章去骂人家——人家该给你吃吗？人家欠你的吗？天底下的人来来去去，就你一人能啊？

你狂个什么劲。

狂死了吧？

该。一点儿都不谦虚。

曹操派祢衡出使刘表，本身就是歪主意，刘表根本不搭理。

曹操没面子，想兴兵问罪，被荀彧劝住了。前有袁绍，后有刘备，先灭了这两个，再回头说刘表的事。

曹操忙活着王霸大业，他的后心早被人瞄得死死的，只是董承等人找不到下手的机会，也很心塞。

这天，太医吉平来家给董承看病，董承请他喝酒。董承喝多了，趴桌上睡觉，梦中提剑杀曹操，口骂"曹贼"。这梦话教吉平听见，吉平原来也恨曹操嚣张，看不过皇帝受屈，二人结成统一阵线。

只是谋算不机密，被董承的下人密报曹操。

曹操一听，诈称头风，宣吉平医治。

吉平给他煎了一剂毒药半步跌，要他喝下去。曹操知道药里有鬼，跟他东拉西扯：

“你看我这病咋回事啊？还有没有救啊？为什么这么疼啊？怎么你们能给皇帝治病的人，都治不好我啊？你们是不是光拿钱不干活啊？”

吉平哄着他说你喝了吧，喝了就好了，不信你试试。

曹操心想我试，我试了就死了：“你们都是读书人，君有疾饮药，臣先尝之；父有疾饮药，子先尝之。你也替我先尝尝呗？”

吉平一听，我尝了我就死了，揪住曹操的耳朵就给他往下灌。曹操一把把药碗推到地下，药性猛，砖都裂了。

左右早把吉平拿下，一通拷打。

第二天，曹操继续设局，请大家吃酒，尤其是请杀曹小组的人来吃酒。

董承称病不来，别人都来了，不来不行，都知道曹操心眼儿多。

宴席中间，打得半死的吉平被拖上来，继续打。问谁是他同谋，他不说，好吧，继续打。

最后，曹操让别人都散了，留下这几个人。曹操盘问半天，问不出什么，把他们也抓了，扔进监狱。

然后直接带人上董家的门，仍旧是先扔出吉平，继续打。

吉平还是不说，身上已经没一块好地儿，于是砍手指，割舌头。吉平假称要供认，曹操让人解了他的绳子，他一头撞死在阶下。

曹操让人把董承那个告密的下人带上来，二人当面对质。董承无话可说，又被曹操的人搜出衣带诏和结盟书。

董承完了，阖府上下，全部杀掉。

王子服、种辑等人，还有他们的全家老小，上上下下，全部杀掉。

曹操既杀了董承等众人，怒气未消，遂带剑入宫，来弑董贵妃。贵妃乃董承之妹，帝幸之，已怀孕五月。当日帝在后宫，正与伏皇后私论董承之事至今尚无音耗。忽见曹操带剑入宫，面有怒容，帝大惊失色。操曰："董承谋反，陛下知否？"帝曰："董卓已诛矣。"操大声曰："不是董卓！是董承！"帝战栗曰："朕实不知。"操曰："忘了破指修诏耶？"帝不能答。操叱武士擒董妃至。帝告曰："董妃有五月身孕，望丞相见怜。"操曰："若非天败，吾已被害。岂得复留此女，为吾后患！"伏后告曰："贬于冷宫，待分娩了，杀之未迟。"操曰："欲留此逆种，为母报仇乎？"董妃泣告曰："乞全尸而死，勿令彰露。"操令取白练至面前。帝泣谓妃曰："卿于九泉之下，勿怨朕躬！"言讫，泪下如雨。伏后亦大哭。操怒曰："犹作儿女态耶！"叱武士牵出，勒死于宫门之外。后人有诗叹董妃曰："春殿承恩亦枉然，伤哉龙种并时捐。堂堂帝主难相救，掩面徒看泪涌泉。"操谕监宫官曰："今后但有外戚宗族，不奉吾旨，辄入宫门者，斩，守御不严，与同罪。"又拨心腹人三千充御林军，令曹洪统领，以为防察。（《三国演义》）

当皇帝当到这个份儿上，就问：还有谁？

第八节　战，不战？

刘备也是杀曹同盟的一员，曹操当然要打。

就有一点，曹操东出，去打刘备，北方的袁绍肯定会乘虚而入，下山摘桃，怎么办？

郭嘉说没事。袁绍这人多谋无断，反应很慢。等他出兵，刘备这只怪咱们早刷完了。

曹操于是率军东征。

袁绍早派人盯死着曹操，曹操一动，马上他就知道了。袁绍的谋士田丰建议赶紧挥兵直袭，可建全功。

袁绍却又不肯了，说我的第五个儿子，得了疥疮，性命垂危，我实在没这份心思。唉，等等吧。一边说一边就哭了：“儿子死了，我也就不活了呜呜呜。”

田丰仰天长叹：“千年难遇的好机会，因为一个小孩子的病，就白白放过去。太可惜了！”

曹操大破刘备。刘备逃到袁绍那里。

关羽把守的下邳也被攻破，关羽迫于形势，暂时投降了曹操。刘备的家眷也被曹操一锅端，当了俘虏。

袁绍发了那么一篇牛气闪闪的檄文讨曹，结果因为儿子病了，乱哄哄的没讨成。

不过，他和曹操之间，势必有仗要打。

正做战前动员呢，谋士田丰又跳出来了：前阵子他的许都空虚，你不打；如今大败刘备，得胜还朝，还怎么打？就算曹操兵力再少，你又不是不知道他心眼儿多多，少说也有一万个。与其现在进军，不如按兵不动，继续等着钻他的空子，抽冷子扎他后心。

袁绍的十万兵马已经箭在弦上，那股子心气蠢蠢欲动地压不住，对于这个说话直通通的田丰特别讨厌。

但是田丰仍旧不肯闭嘴：

“将军哪！我们据守山川险要，城池固若金汤。我们只要外结英雄，内务农耕，时刻把战争这根弦挂在心上，组成游击队，专捅曹操软肋，打一枪就跑，让他睡不安枕，食不知味；曹军疲于奔命，百姓不能安居，不出三年，我们就可以坐收渔人之利。如今，我们不和他们斗智，却要想着一战定胜败，万一失败了，可就全完了！”

袁绍大怒：你怎么长曹贼志气，灭我军威风。妖言惑众，乱我军心。

来人，抓起来扔进监狱！

袁绍这个糊涂种子。

曹操再坏，他对手下的谋士不坏。袁绍打着礼贤下士的旗号，却谋士正着说，他反着听。

建安五年（200），袁绍来攻。曹操听说田丰没来，大喜："袁绍必败！"

不光田丰反对袁绍出兵，沮授也反对他出兵，所以他把沮授的大部分兵权也给削掉了——当初他建议袁绍迎天子而挟诸侯，袁绍就没听。

于是，袁绍大军出发之前，沮授把家财给族人一散而空：若是胜了，一切好说，若是败了，小命都不保，要钱还有什么用呢。

他跟弟弟说："我们虽然打败了公孙瓒，但是已经士兵疲惫不堪。主公刚愎自用，将领顽劣无能，曹操却深有智谋，背后又有天子这张天下最大的底牌，我们想要胜利，难。"

袁绍想和刘表、张绣联军进军，南北夹击曹操，可是刘表虽然没有买曹操的账，也准备买袁绍的账，但是长沙太守张羡发兵和刘表打了起来——他是为的在袁绍要打曹操的时候，给曹操减轻负担。张羡和刘表打了个热火朝天，刘表腾不出手来怼曹操。

张绣则是听了谋臣贾诩的劝告，背叛刘表，归附了曹操。

袁绍没办法，只能独自出兵了。

大战一触即发。

他们打架，旁边还有人围观。

凉州牧韦端派他的参谋官杨阜去了许都一趟，回来后，关中的将领们都问他的观点，他断言袁绍必败：

"袁绍虽然宽容，但是却少决断，虽然计谋多，却不知道择一而行。因为没有决断，所以就没有威信，因为不知道选择，所以处处被动。虽然眼下看起来强大，但是失败等着他。

"至于曹操，却是雄才大略。不要让他抓住机会，一旦抓住，他就毫不动摇，坚决执行。治军方面，法令统一，兵员精良。而且极善用人，被他任用的人，无不尽忠职守。这样的人，必定能成大事。"

这样一来，曹操尽得关中将领之心。

恰好，曹操又派治书侍御史卫觊代表中央，来镇守、宣抚关中。关中众将的心都开始背袁向曹。

所以，基本上，袁绍算是光杆司令。

再光杆，袁绍也有精兵十万。大将颜良、文丑为先锋，刘备为后阵，袁绍自己带领主力，浩浩荡荡压向许都。

许都炸营了。

兵力差额摆在这儿，人家袁绍所拥的四州，物阜民丰；曹操所据的衮州，战乱而贫穷。

看着下面乌嘈嘈的将领们你一言我一语，有的脸上恐慌，有人话语颓丧，曹操一派镇定：

"我了解袁绍，此人心比天高，却脑子不够用；外表英勇，实际上却胆小怕事；因为多疑猜忌，所以他少威信；他的军队虽多，却管理不当；将领骄蛮，政令军令都不能贯彻执行。土地广也好，粮草丰也罢，都是给我们准备的大粮仓，等着咱们去接收哪哈哈哈。"

荀彧也替他给别人做思想工作。

将作大匠孔融问荀彧：

"袁绍地大兵强，他手下的谋士田丰、许攸都是智囊。审配、逢纪都向他效忠，替他主持军政。颜良、文丑，那更是一代名将，为他统御军队。这样一来，是不是我们挡不住啊？"

荀彧说："袁绍的军队虽然很多，但是没有纪律；田丰虽然是智囊，但是性子过于刚直，容易冒犯官长；许攸这人又贪婪，克制不住自己的贪念；审配这个人又好专权又无谋略；逢犯性子倒是果决，但又太自以为是

▲ 关公大刀斩颜良

了。这几个人如果抱成团，咱们还真不好啃下来；但是他们自己窝里斗，窝里反，必定出事。至于颜良、文丑，别担心，他们不过是两个莽汉，可一战而擒。”

事实证明，曹操和荀彧一件事情都没有说错。

第九节　斩颜良，诛文丑

为防袁军南下，曹操派刘延扼守白马，于禁驻守延津，曹操率领主力驻守在北面的门户官渡，荀彧照旧留守许都。

袁绍兴兵，望官渡进发。出发前，田丰在监狱里还不消停，又给他写来谏书，请他静守以待时机，不可妄兴大兵，恐有不利。

旁边就有人说：“主公啊，咱们兴的是仁义之师，田丰说的什么话，这不是咒咱们失败嘛。”

袁绍一听怒了，要杀了田丰，众官哀告，才饶他一命，恨恨地撂下一句狠话：“等我破了曹操，得胜回来，再治他的罪！”

旌旗遍野，刀剑如林，袁军进发。

袁绍派大将颜良攻白马，保主力渡河决战。沮授对袁绍说颜良不合适，他虽然骁勇，但性情孤僻，不适合领兵作战，独当一面。

袁绍不乐意了：你在污蔑我的手下大将吗？

曹操接到颜良来攻白马的告急文书，想带兵救援。荀攸建议他不可硬杠，拼不过，要想办法分散敌人兵力。他建议一部分兵马往西，行军延津渡口，做出渡河的假象，去抄敌人后路。袁绍听见这个消息，一定会分兵向西阻截，这时候，白马的兵力就少了，我们再轻骑急袭白马，来一个声东击西。

“好！”

袁绍听到一支曹军向西飞奔延津而去，果然派大军堵截。曹操却已经暗中带一队轻骑，急奔白马，在离城十几里处安下营寨。

这时候，颜良还冲着白马城内耀武扬威呢——他不知道曹操援军到了。

曹操下令，张辽、关羽冲锋。

关羽胯下赤兔马，远望颜良的帅字大旗，一马当先，马蹄踏踏，长驱直入，一霎时卷到颜良跟前。颜良还没有看清是谁，头颅已经冲天飞起。

关羽阵斩颜良。

袁绍军士一时惊愕，想不起来阻挡，关羽早已经拍马回阵，把首级撂在曹操跟前。曹操哈哈大笑：“将军神人也！”

大手一挥：“冲！”

曹军猛冲敌阵，袁军不战自乱，死伤大半，大败而退，白马围遂解。

这一战后，关羽被曹操表封汉寿亭侯。

袁绍恼火透了，下令立即渡河，给曹操迎头痛击。曹操迁出了白马城中的百姓，沿河向西撤，去巩固延津防御。

曹操行军阵势是这样的：以后军为前军，以前军为后军，粮草先行，军兵在后。

有人搞不明白：“粮草在先，军兵在后，是个什么道理？”

曹操说：“粮草在后，老是遭抢，所以安排粮草在前。”

“那假如说敌军在前，把咱们的粮草劫走咋办？”

曹操说：“到时候看。”

袁绍一头火，沮授赶紧劝：

“主公，冷静，冷静。两军交战，胜负无常，不冷静易吃亏。如今情形，我们不能渡河，要留在延津北岸，再分兵袭击官渡。等在官渡我们打胜了，再过河追击不迟啊。否则，我们现在就大军南下，万一败了，可就一点退路都没有了。”

袁绍才不听他的话。沮授仰天长叹，上面的人狂妄自大，下面的人一心贪功，上下冒进，败象已生。不如北归。

沮授称病辞职，袁绍不准，却夺了他仅剩的兵权，把部队全部拨给郭图。

田丰还在狱中，袁绍身边就这么一个明白人，还被打压得扁扁的。

文丑受命打头阵，袁绍和刘备压后。

——其实袁绍想杀刘备来着，颜良被杀，败军诉说是一红脸大汉把颜将军一击毙命，袁绍一听就急了，这分明是你那好二弟啊！就要杀刘备泄愤。

刘备分辩：“天底下红脸的多了，见得就是关羽吗？不要枉杀了我啊。”

袁绍一听，把刘备又搀起来：“唉，贤弟言之有理，某险些误杀好人。”

这个没主意的。

曹操就这样把粮草放在军前，自己在大军后面押阵而行。

这时候，前军一片声地喊起来，探马急报：“敌人前锋杀到，大约有五六百骑兵。”

“再探再报，其他人好好休息。”

一会儿，探马再报：“敌人骑兵又增多了，步兵简直数不清。我军把粮草都扔了，四散奔逃。后军又离得远，救援不及，怎么办？”

曹操用马鞭一指南边高坡：“暂且往这儿避避。”

于是人马乱哄哄急奔南坡。曹操让军士们都把衣甲解开，休息一下，马也放开，让他们吃吃草。

就在此时，文丑大军哗哗地杀将过来。

众将急忙喊："贼兵到了，快把马收拢来，我们退回白马去！"

荀攸急忙制止："别别，正好能诱敌深入，退兵干啥？"

曹操急忙看一眼荀攸，神秘一笑。

荀攸不说话了。

那边文丑抢了那么多的粮草，如今又看见那么多的战马，兵们连队形都顾不上了，一拥争上来抢马。

曹操大喝一声："上马，给我冲！"

曹军将士虽然只有五六百骑，却如下山猛虎，哗啦啦下大雨一样往下冲得文丑军大乱。将士们自相践踏，文丑制止不住，本来要挺身作战的，也只得拨马回逃。

结果一柄大刀杀将过来，他"啊"一声长叫，被一刀砍翻，枭了首去。

——大家都说关羽斩颜良、诛文丑，颜良确实是关羽杀了，文丑却不知道是被谁杀的。

《三国志》载：

前锋惨败，刘备只得引兵回退。

荀彧说对了，颜良和文丑，各自一战被杀。

第五章
老骥伏枥，志在千里

第一节　你有去语，我有来言

两员大将陨落，袁军士气低落。

袁绍军队行到阳武，安营下寨。沮授管不住嘴，又来说话：

“我们的军队多是多，但是不如曹操的军队勇猛；曹操的军队虽然勇猛，但是又不如我军的粮草充足。他们急战有利，我军缓守有利，旷以日月，耗也能耗死他。”

袁绍又怒了：“田丰乌鸦嘴，我回去就杀了他；今天你又给我乌鸦嘴！”派人把他拿下，锁禁军中，待破曹之后，和田丰一起治罪。

他的大军东西南北，周围安营，连络将近百里。斥候回报曹操。曹军一听，都㞞了。

其实曹操心里可不好过了。他是很待见关羽的，可是却笼络不住这个男人的心。人家知道了刘备如今在袁绍那里，最终挂印封金，护着刘备的家眷，过五关、斩六将，找人家的刘大哥去了。

曹操制止了想要追赶关羽的部下，长叹一声：“人各有志，让他去罢。”

然后，他和众谋士商议，荀攸说：“不怕。袁绍军队再多，不如我们精锐。唯有一点，我们粮草不够，利在急战。”

曹操一听，传令下去，给我打。

看看。

同样是谋士，曹操阵营的谋士是什么待遇；袁绍的谋士，都是提着脑袋说话的。

两军对圆，杀了一场，袁绍人多欺负人少，曹操退到官渡。

袁绍率军逼至官渡附近下寨。

这就开始官渡攻防战。

袁绍派人在曹操寨前堆起高高的土山，派兵朝下冲着曹操营寨放箭。曹军顶着盾牌，对面一声梆子响，盾牌上就插满了利箭，曹军顶着盾牌趴一片。

曹操连夜赶造发石车。那边弓箭手一射箭，这边就拽发石车。炮石飞空，往上乱打，袁绍那边的弓箭手纷纷跪了。

袁绍又派人用铁锹暗打地道，直透曹营内。

曹营这边远远望见，曹操绕营挖沟，结果袁军的地道打到了沟边上，进不去。

就这样你来我往，攻防战变成拉锯战，你有去语，我有来言。

曹操家缺兵缺粮，这是不可改变的现状。

刘备在袁绍手下也没闲着，关羽杀了大将颜良，他要好好表现，将功折罪。所以他在曹操的地盘上大搞游击战。

只是刘备手下都是袁绍的人，不好使，曹仁一打就败，刘备带着家眷和两个兄弟，一家老小又投奔刘表去也。

你们袁、曹两家战官渡这趟浑水，某不蹚了。

他们这边打得热火朝天的时候，江东那边也像小宝宝端水碗，可不平稳了。

孙策称霸江东，曹操目前拿他没办法，就把曹仁的闺女许配给孙策的幼弟孙匡，先和和亲吧。

吴郡太守许贡悄悄给曹操写信，劝他把孙策召往许都控制，信被孙策给截获，孙策绞杀许贡。

一天，孙策带兵打猎，独自追赶猎物，被许贡的三个家臣截住，一通乱打。孙策脸上中箭，箭头有药，毒发身亡。

临死，他把印绶交给孙权：

“如果说率领江东，决战于两军阵前，和天下人争一长短，你不如我；任用贤能，让他们各自尽力保江东平安，我不如你。兄弟，念在咱爹和我创业艰难的分上，好好干吧！”

孙权大哭，拜受印绶。张昭、周瑜、鲁肃、诸葛谨等一班人尽心辅佐，一时之间，孙权威震江东。

袁绍大军紧靠沙滩，建筑营房，东西连绵数十里。

曹操大军也向两翼铺展，构筑阵地。双方一派深情，遥相对望，巴不得早点弄死对方。

实在缺粮，粮官来问曹操怎么办。曹操说，大斗进，小斗出，在秤杆子上玩花样。

粮官领命而去。

结果士兵大哗，这个损法子差点激起兵变。

曹操找来粮官：“将士们不吃这一套，咋办？”

粮官摇头，他也不知道怎么办。

曹操说：“我有一法，可解目下困境。只是，要向你借一物。”

粮官赶紧表态：“属下不吝惜身上财物，只是不知道主公要借什么？”

“借你脑袋。”

粮官目瞪口呆。

“来人。”俩人上来，二话不说把粮官推出去砍了，脑袋高高挂起来，旁边是一张榜文，尽述粮官克扣军粮的罪状。

军心遂安。

对这件事，曹操一点愧疚都没有。不管黑猫白猫，逮住耗子就是好猫。不管黑手段白手段，达到目的就是好手段。他没有那么强的道德心。

杀粮官平了哗变，军粮仍旧变不出来。

曹操写信给荀彧诉苦，想退兵。

这还成！荀彧就像个教导员，还得负责师长的政治思想工作，马上写信劝解：

“如今咱们虽然军粮少，但是比不上楚汉相争于荥阳、成皋之时。当时刘邦和项羽，谁都不敢先撤，因为彼此都知道，一旦自己撤退，形势立时扭转，于己不利，再难翻身。

“主公你以十分之一的兵力，划地而守，紧扼袁绍咽喉，让他寸步不能前进，时有半年。眼瞅着情势曲线已到谷底，不久必有变化。这时正是要用奇兵奇计之时，万不可失此良机。”

曹操继续咬牙坚持。

几天后，荀彧运来一批军粮。曹操对运粮士兵说：“再给我十五天，我一定击败袁绍，让你们不用辛苦奔波。”

留守和运粮的士兵士气转盛。有粮就是娘。

这时候，袁绍的几千辆粮草车来到官渡。

荀攸献计：“搞它。”

曹操：“谁搞？”

“徐晃！”

曹操马上命令偏将军徐晃出兵，大破了袁绍的运粮官韩猛，一把火烧了他的辎重。

第二节　破局（一）

袁绍气死了。粮食都缺哪！一把火被曹操给烧了，大怒之下，要斩韩猛，百官劝免。

袁绍怕曹操烧了自家屯粮之地乌巢，派大将淳于琼带两万人马去守着。

袁绍又把审配派回邺都去继续筹粮，曹操也继续向荀彧催粮——都断顿了。

结果使者带着书信没走出三十里，被袁军捉住，绑着去见袁绍的谋士许攸。

许攸一看，马上飞奔去见袁绍：

“曹操粮竭，许都肯定也无粮。他是内外都空虚，我们马上分兵一路去袭击许都，再同时进攻官渡，把曹操抓了！”

袁绍拿信一看，往地下一扔：

“你信曹操的鬼！他这信就是故意给我们看的，诱敌深入之计，我可不上他的当！”

许攸愣半天。

这是怎么话儿说的。明明这么妙的一条计。用脚后跟想想也知道曹操真缺粮——他的地盘又不大，百姓又穷，粮草出产又少。如今旷日持久，不缺粮才怪。为什么你就不肯听？

这时候，又有一封信到了。

这封信，是审配写来的。先汇报了运粮的事，然后说许攸在冀州时曾经收受贿赂，他的子侄辈也损公肥私。如今审配已经把许攸的子侄下狱。

袁绍大怒：

“王八蛋，居然还有脸在我跟前献计！你和曹操本来就有老交情，想来如今一定也收了他的贿赂，来替他做奸细。赶紧滚出去，以后再不许来见我！”

这话说的，许攸就算以前和曹操有交情，现在也未必有交情。虽未必有交情，但是你这么一发作，他难保不重续以前的交情。

袁绍用人，看来挺讲道德品质的。到底是四世三公的世家大族出身，讲人品。

曹操用人不讲人品。他不看你是好人坏人，他只看你可用不可用。

曹操手下有一个人，叫丁斐，有一次，他用家里的瘦牛私换官家的壮牛，被人揭发下狱，曹操问他：

“文侯，你的印绶在哪里啊？”

他说：“用来换饼了。”

曹操大笑，回头对陪同的官员说：

“东曹掾毛玠数次向我投诉丁斐，想要让我对他重治罪。我有丁斐，就像人家有狗会偷一些主人家的东西，但却会捕捉老鼠，虽然有一些小损失，却保护好了我的粮仓。”

于是放了他，继续让他当典军校尉。

电视剧《军师联盟》里，郭嘉给曹操提议招揽人才，好些官员说你这个招揽人才的计划有毛病，只看才能不看品德。曹操说：

“什么是德啊？临阵能制胜，不使将士枉死是德；治国能安民，不使百姓受冻馁之苦是德；至于那些坐而论道大言欺人，只会摆架子装清高，无实惠于家国百姓的伪君子，朝廷没有那么多俸禄养闲人！”

这样的用人观相当别致。

袁绍这么一发脾气，许攸绝望了。

走了！

当晚，许攸偷偷溜进曹营。

曹操正睡觉呢，一听许攸来了，高兴坏了，光着脚就跑出来了，大老远拍巴掌："哎呀，你怎么来了呀！许攸！"

看看，这待遇。许攸心里一暖。

"来人，上酒菜！"

酒菜一样接一样摆上桌。两个故友本来分在两个阵营，恨不得你弄死我，我弄死你，如今坐一桌上喝酒吃菜。

许攸眯起眼睛："阿瞒，你的军中，存粮不多了吧？"

曹操一顿——他可不喜欢别人叫他这个小名儿了。但是很快眯起眼睛，竖起大拇指：

"老友知我。确实不多了，顶多够吃一年的。"

忽悠，接着忽悠。许攸说："到底多久？"

"半年。"曹操又说。

许攸站起来就走："我黑更半夜偷溜出来见你，你这么不信我。告辞。"

曹操连忙站起来拉他袖子：

"别走别走，我跟你说实话，"他压低声音，以最神秘的语气说："这事儿咱得悄悄说，我瞒谁也不能瞒你不是？告诉你吧，存粮就够吃一个月的了，哎哟，可愁死我了。"

许攸斜着眼睛看他："瞎掰什么呀，你现下的军粮就没了！"

曹操目瞪口呆：你怎么知道！

许攸高深一笑：这还能不知道，你要不是一粒军粮都没有了，至于欢迎我像欢迎你爹似的么。就指着我破局呢。爷今天就给你指条明道：

"袁绍的辎重，一万多辆，全部屯在乌巢。守卫是大将淳于琼，这是个二货，又好喝酒，又好打人，又不严加防备。你轻骑突袭，一把火烧了他的粮草！不出三天，袁绍不战自溃。”

曹操一蹦多高，心脏怦怦跳：着哇！着哇！幸亏你来了，我们有救了！

当天夜里，荀攸、曹洪坐镇守营，夏侯惇、夏侯渊埋伏左侧，曹仁、李典埋伏右侧，三路人马把大本营团团守卫好；然后曹操自己亲自出马，率步兵、骑兵共五千人，马勒口、人衔枚、蹄裹绵，打着袁绍的旗帜，张辽在前，徐晃、于禁压后，每人背一捆干柴，小径急行，直奔乌巢。

路经袁营，放哨的大喊：“站住，干什么的！”

有人回答：“袁公有令，我等去乌巢增防。”

守卫开门放行。

四更尽，乌巢到。曹操一挥手，曹军哗一下把粮草包围，火镰细微地响成一片：咔咔咔。柴草点燃，曹操一声令下：“冲啊——”

“冲啊——”曹军势如疯虎，直冲而前。淳于琼和众将官喝了一顿大酒，正蒙头睡觉，被喊杀声惊醒，坐起四顾茫然：“我是谁？我在哪里？我干了什么？这是什么地方？”

小将校慌慌张张进来禀报：“曹兵劫营！”

淳于琼把小将校推一个趔趄，迈大步出门，整个营地烟炎张天，半天空都红成一片，空气里弥漫着粮食被烧烤的焦香。

“完了！完了！”他腿一软，强打精神，急急披挂上马。要迎敌吧，又不知道敌军几何；按兵不动吧，兵也按不住，军心大乱，到处乱窜。

好容易天蒙蒙亮起来，屯粮尽毁，这时才发现曹兵不过区区数千。淳于琼蹬中跌足：“跟我上，把贼兵杀光！”

曹操可不怕他，一见主将出营，立马组织进攻。虽然才区区数千人，曹兵个个勇悍绝伦，嗷嗷叫着往上冲。

淳于琼看这架势，反而不敢硬扛了，退回营寨，自保要紧。一时之间，曹操倒也拿不下淳于琼。

第三节　破局（二）

袁绍也接到信儿，说是北面火光冲天，定是乌巢有失。

袁绍倒也不怎么慌张，他印象中的曹操，始终是弱鸡，一根指头都能碾死。他对儿子袁谭说：“就算曹操破了乌巢也没关系，我们去打他的大本营，叫他无家可归。”

大将张郃自请和高览先去乌巢救援，袁绍的亲信郭图表示反对，要求重兵袭击曹操的大本营。

张郃不同意：

“曹操的大营是那么容易得手的吗？他不设置重重保护，能自己跑出去劫粮？不怕人一锅端？我们去他的大本营端人家老窝，万一失败了，这边淳于琼也落到人家手里，我们不都完蛋啦？”

“傻了吧你，”郭图说，“他都自己出兵了，还留什么后手？肯定寨中空虚。听我的，没错的！”

袁绍于是把张郃和高览派出去，到官渡攻打曹营。

另分一支兵马，由蒋奇率领，去援救乌巢。

乌巢这里，曹操带着他的兵杀得兴起，忽有人来报：“贼军援兵来了！”

曹操大喝：“众将听令，奋力杀敌！等贼兵援军到了背后，再回头揍他们！”

曹兵一听，这是要被人从背后捅枪的架势，唯今之计，只有努力前进，方可免于背心被捅个透明窟窿，于是嗷嗷叫着往前冲，喊杀声惊天动地。

粮草越烧越少，终于最后一点火也灭了，一粒粮食也没有了。

袁兵被俘千余人，大将淳于琼也被擒，曹操马上邪魅一笑："来人，给我把他的耳朵、鼻子、手指头，全都割了，放回去，让袁绍看看他的鸡蛋大将！"

接着，曹操下令，把所有人的鼻子，全都给我割掉！把落到我们手里的牛马，唇舌割掉，放归袁营。

袁绍大营，源源不断地接收到这些鲜血淋淋的士兵牛马，士兵们个个心底发寒，脚底发软，浑身发冷。

张郃和高览这边，一杀到曹操的大营，中路有压阵的，左右有埋伏的，一拥而上，三路夹攻，和他们大杀一阵。

正杀声四面连角起的时候，曹操带人马不停蹄往回赶。

赶路也要有技术性。他们把淳于琼的衣甲旗帜拿过来，化化装，摇身一变，就成了袁绍营中兵马。走在偏僻的山间小路上，恰逢袁绍麾下的蒋奇军马要去援救乌巢。蒋奇拦住他们：

"站住，干什么的！"

曹兵脸上黑一块、白一块、红一块，鲜血和污泥和在一起，像打了油彩；身上衣裳也撕成烂布条，衣甲歪斜："我们在乌巢战败，好不容易逃得性命，回归大营。"

蒋奇一挥手：去吧。

兵马踏踏，从蒋奇身边经过。猛然间，他觉得后脖梗子一凉，下一瞬间，眼睛视线变得很高、很远，看得见遥远的天边，转眼又砸回地面，然后一片黑暗笼罩上来，意识"嗡"一下，像星尘消散。

张辽一刀把他斩于马下，曹兵转眼间个个变成凶神，寒光利刃捅向袁兵。张辽又早派人伪装成袁兵的模样，前去袁绍军营报捷："蒋奇已经杀散乌巢贼兵。”

袁绍大喜，放开手添兵官渡，不再搭理乌巢这边。

蒋奇这一万兵马，尽成冤魂。

杀了来支援乌巢的袁军后，曹操马不停蹄回防大营。

张郃、高览正被杀得没脾气，想要败退，曹操从背后杀来，四下里围住，把他们包了饺子。张郃、高览拼了性命，才夺路逃回。

袁绍此时已经得知乌巢粮毁，又听人报张郃、高览也兵败而归，差点没气死，转回头就想找支损招的人。

瞎出主意导致惨败的郭图一见大势不好，赶紧低头：

“主公主公，我听说，张郃一听乌巢失利的消息，高兴得不行。他们这是觉得自己出的主意好，而主公没有听，所以主公受了报应。这次攻曹营，又不是他们本心想攻，是主公派他们去攻，我听说他们早有降曹之意，想来他们也是出工不出力，所以导致败北。”

袁绍一听，来人，传张郃、高览！

高览一见传令兵来，马上知道不好。袁绍为人他是知道的，一不做，二不休，一剑斩了传令兵。张郃吃一惊：“你干吗？”

高览：“你还蒙在鼓里。我们到了帐前，有郭图这玩意儿在，立时三刻就是个死。不想死的跟我走，我们去投奔曹操。”

张郃长叹一声：罢，只好如此。

二人带本部人马，直奔曹营而去。

曹操听说二将来降，十分高兴，一边表达欢迎的意思，一边还不忘踩袁绍一脚：

“假使袁绍肯听你二位将军的话呀，他也不至于失败，哈哈。如今你们肯来投我，犹如韩信归汉。”

马上就封张郃为偏将军、都亭侯，高览为偏将军、东莱侯。

二人本来性命在顷刻之间，如今一个转念，封侯拜将，乍喜乍惊。

曹操这边一举扭转战局，把袁绍和自己都拉到了军粮难以为继的场面，而且重挫对方。

袁绍那边就倒霉了，从许攸出奔曹操，就像推倒了多米诺骨牌，一连串的坏消息，导致军心惶惶。

曹操抓紧时间打痛脚，听了许攸的话，火速进兵，派张郃、高览劫他们的旧主人的营寨。半夜三更，出军三路，大杀一阵，袁绍军队损折大半，死伤惨重。

——看袁绍这人缘，他的老部下们，一个顶一个地跟他对着干，把他往死里怼。

第四节　蚂蚁揍哭大象

曹操这边，士气正盛，荀攸又献一条疑兵计：

派细作广为布散，就说是曹军已经兵分两路，一路取酸枣，直攻袁绍大本营邺城；一路取道黎阳，要断了袁兵归路，让他们做无主鬼魂。

袁绍一听，大惊失色，急忙派袁谭分兵五万，去救邺郡；辛明分兵五万，去救黎阳。

等的就是这个。曹操一探知袁绍兵动，马上大队人马出击，一霎时杀声震天。袁军连遭惨败，死伤累累，幸存者如沃汤浇雪，崩溃无地，官兵纷纷四散，逃命去也。

袁绍惊慌失措，连衣甲都来不及穿，用丝巾包了头发，带着剩下的八百多骑兵，北渡黄河而去。

袁绍大营里的辎重、图书、金银财宝，全部归了曹操。

袁军残余向曹操投降，曹操下令全部坑杀。

被杀死的袁兵血流盈河，被坑杀的袁兵尸骸累累，尽埋土中。

这就是战争。

沮授被曹军俘虏，大叫："我不投降，我不投降！"

曹操和沮授原本也是旧交，亲自出帐去迎：

"想不到今天把你捉来了。不同阵营，无法谋面，今日得见，幸甚至哉。"

沮授脸黑黑：

"良策妙计袁绍不能用，今天他败亡也是活该。我有才智不得施展，被捉也是命定。"

"别生气，老朋友，"曹操温言劝慰，"说什么命定不命定的话。袁绍没脑子，我可不是他。天下大乱，我还想问计于你哩。"

沮授叹息：

"不成啊。我的叔父、我的老弟，我的家人的性命，都握在袁绍手里。我死在你手里，他们才可得保全。我晚死一天，他们就可能命丧黄泉。"

曹操不听。夭寿啊，居然让我杀你。你的家人算啥子，有你我可得天下。

他命人放了沮授，暖衣美食，特别厚待，结果沮授居然偷了营马，想要逃回去。这曹操就不能忍了——天下贤才，希望尽归我所用；我不能用的，别人也不要想着用。

曹操下令，砍了沮授。虽然沮授死了他也难过，还落了几滴泪，但是，沮授必须死。

袁绍跑得急，许多文书根本来不及处理。不少朝中官员和军中将领给袁绍的私信都被翻出来。

侍从建议："把这些人找出来，都杀了！"

曹操摆手："算了。当初袁绍势力大，我都不能自保，何况别人。把这些信件都烧了，别再提起。”

曹操阵营人心大定。

建安五年（200），曹操和袁绍的官渡之战正式落下帷幕。

这场战役太经典了，以少胜多，以弱克强，一只蚂蚁揍哭一头大象。

袁绍逃奔黎阳北岸，投奔将领蒋义渠军营。被打散的袁军纷纷投奔，重新集结。

袁绍出兵收复冀州一些背叛的城池，路上夜宿荒山，听到有人哭，原来是战败的军士互相诉说苦况：兄弟被杀，同伴丧亡，亲人散失，各自痛哭不已，都提念田丰的好处：

“如果当初就听了田丰的话，我们何至于遭这样的祸事！”

袁绍悔愧交加：“当初没听田丰的话，如今回去，还有什么脸见他？”第二天他把这话说给来带兵迎他的逢纪听，逢纪趁机下蛆：

“主公啊，田丰在狱里，听见你兵败，拍掌大笑，说：果然不出我之所料！”

袁绍大怒：“贱人笑我，杀了他！”

派使者拿着宝剑，先赶往冀州大牢。

这天，狱吏来向田丰道喜，说袁将军如今大败，一定会反省错误，迎你出狱。

田丰苦苦一笑：“完蛋了，我必死。”

狱吏纳闷：“啊咧？”

田丰说：“袁将军外表宽厚而内心猜忌，根本不顾念别人对他的忠诚之心。如果他胜了，一高兴，说不定还能饶我一命；如今战败，一定不愿意看见我这张脸，来提醒他自己的羞耻。我一定会死。”

就在此时，使者捧剑，传袁绍命令，来取田丰人头。

狱吏流下泪来。

田丰高声一叹：“大丈夫生于天地之间，不能识其主而事，是我傻，死了活该！”

横剑于颈，血溅当场。

刘表如今一气攻占了长沙、零陵、桂阳三郡，自此坐拥土地数千里，带甲武士十万人，不再朝贡，也像帝王一样在郊外祭祀天地，住处和衣裳穿戴也像皇帝范儿。

谁还不能当个皇帝咋的?

曹操想打刘表——一天不打仗，浑身骨头痒。荀彧劝曹操：“袁绍新败，军心涣散，趁他病要他命。否则袁绍一旦缓过劲来，趁我们后防空虚，大举入侵，挨打的就成了我们。”

曹操不张罗打刘表了，继续把袁绍当头号敌人。

第五节　一群妙音老爷们儿

头枕金戈，梦里交河，不知不觉，官渡之战那年，曹操已经四十六岁。

当初起兵时跟着他的老家人，如今百不存一,千不存一。

他也不是铁打的心肠，天边乱云飞卷，孤雁哀鸣，心头一线凄凉生。

次年正月，曹操回了谯县。

从家乡追随他的士兵们，兴冲冲回到自己的家门。口里叫着爷娘，心里想着老婆娃娃，眼前所见，却是败草荆棘。

兵士号啕呜咽。曹操自己的家门也一片瓦砾，非复旧池台。

回到军营，磨墨蘸笔，曹操发布《军谯令》：

我发动义兵的目的，是为天下铲除暴乱。可是我故乡的百姓几乎死光了，我在境内走了一天，竟未看见一个熟人，这种情形真叫我悲痛伤怀。

自从我举义兵以来，凡是牺牲的将士没有后人的，让他们的亲戚作为他们的后嗣，分给他们田地，由官府配给耕牛，延续他们一脉。设置学校，派教师教育他们的孩子。为他们修建祠庙，使他们能够祭祀自己的先人。

这样一来，倘若人死后尚有灵魂，我死之后，也就没有什么怅恨的了。

曹操又想起了桥玄。

曹操幼年顽劣，是只人人讨厌的皮猴子，只有桥玄，看见他如看见宝：

“天下将乱，非命世之才不能济。能安之者，其在君乎？”

曹操心里一点火种子，是被桥玄点燃的。桥玄早已死在黄巾起义那年，生时位极人臣，死后家无余财，丧事从简，曹操特意去桥玄的坟墓祭拜。

回一趟家乡，休养一下身心，曹操再度率军北上，进驻官渡，准备找机会往袁绍的地盘邺城进军。

袁绍回到冀州，渐渐露出下世的光景。继妻刘氏劝他早日立嗣。

袁绍有三个儿子，长子袁谭，出守青州；次子袁熙，出守幽州。三子袁尚，是袁绍这个后老婆生的，可受宠了，留在身边。

还有一个外甥高幹，做了并州刺史。

他命长子袁谭继承了哥哥袁成的香火，任命他为青州刺史。这样一来，袁谭就没有资格袭爵，这样就给幼子袁尚袭爵排除了最大的障碍。当时沮授警告他，袁谭是长子，你却把他逐出门墙，怕是从此灾祸不断。

袁绍说，嘿，哪里哪里，我没有这个意思。我只不过是想让我的儿子们各自主政一方，一方面对他们是个锻炼，另一方面也是考察他们的能力。

如今，刘氏一个劲在他耳边叨叨，想让袁绍立幼子。

袁绍问审配、逢纪、辛评、郭图，这事咋办。

袁绍是倾向于立袁尚的，理由是长子袁谭性情刚烈，喜好杀戮；次子袁熙又性情柔懦，难成大器。只有袁尚，外有英雄之表，内有礼贤敬士之心，堪可为嗣。

郭图是不建议袁绍废长立幼的，且如今敌兵压境，父子兄弟不可自相争乱，还是先想着怎么抗击外敌。

袁绍一向多谋而少断，这下子更拿不定主意了。

结果犹豫着犹豫着，就在建安七年（202）把自己犹豫死了。

审配等人假传袁绍遗命，由袁尚继位。袁谭日夜兼程，等赶到的时候，已经迟了，大馍馍进了别人的筐。

没办法，袁谭自称车骑将军，驻军黎阳，把小弟弟恨得咬牙切齿的。

不过，曹操大军渡河北上，袁谭、袁熙、袁尚、高幹，哥儿几个还是互为犄角，彼此救援，共御曹军，兄弟同心。

曹操十分郁闷，郭嘉说袁氏废长立幼，埋下兄弟阋墙的祸根。只是现在外力重压之下，他们不得不抱团自救。咱们先去打荆州刘表，给他们一个仇恨发酵的机会，让他们自己窝里斗起来，我们就好打了。

曹操下令退兵。

结果曹军一退，袁谭和袁尚就开始闹意见，他们手下的幕僚也开始互黑。兄弟俩积郁已久的怒气满值爆发，内战走起。

袁尚大败袁谭，袁谭逃到平原城内。袁尚又把平原围个水泄不通，誓要把大哥立斩马下。

袁谭怕了，派辛毗向曹操求救。

这事闹的，没有永远的亲人，只有永远的利益。

帮，还是不帮？这是一个问题。

曹操手下大部分谋臣将官都认为不帮，让他们窝里斗，谁打死谁都是好事。现在先灭刘表要紧。

荀攸不同意：

“刘表这么强大，却稳坐长江、汉水之间，只求安稳度日，可见他没有雄心壮志。既是如此，你就是不理他，他也翻不出天去。

“倒是袁氏家族，雄踞四州，精兵数十万。他的两个儿子如果能尿到一个壶里，那谁也吃他们不下，这仗且有的打；如今兄弟反目，如果一个吞掉另一个，力量集中在一个人的手里，如虎崽子长成大老虎，想吃下可就不容易了。

“唯今之计，不如趁着他们拼命内斗的时候，我们打着救援的旗号，下手夺了他们的势力。这样一来，省了我们将来好大的力气。”

曹操深以为然。

第六节　险些来个透脑凉

战乱之时，将士耗命，主帅耗心。主帅稳坐中军帐内，他可以不去冲锋，可以不去杀敌，但是，有一件事他必须去做，那就是抉择。

一念起，成千上万人的性命就被你随着这一个念头扔出去；一念灭，成千上万人的性命就被你用作压宝的道具，包括你自己的将来，你的身家性命，你的家人儿女。

曹操的阵营，可贵就可贵在他的谋士们，诸如荀彧、荀攸、郭嘉、程昱等，每到局面千头万绪，形势一触即发，选择非黑即白的时候，总能运用冷静的头脑和超群的智慧，分析利弊，一语中的；更可贵的是曹操不盲从大多数人的意见，总能从这些乱嘈嘈的话里，挑出最有用、最有利的建议来。

君明而臣用，他和他的谋臣们，谱写着一曲曲妙音佳曲，这是一群妙音老爷们儿。

曹操挥师北进，渡过黄河。袁尚一听到消息，立马回邺，平原之围立解。

袁尚的部下吕旷、吕翔断后，袁谭一路追过来，被二人截住。袁谭叹气：

“我父亲生前，我并没有慢待二位将军啊，为什么你们要跟着我弟弟一起逼我？”

吕旷、吕翔下马投降袁谭，袁谭推辞：“你们别向我投降了，还是向曹丞相投降吧。”

于是二吕投降了曹操。

曹操又祭出和亲的法宝，为儿子曹整求娶袁谭女儿为妻。

辈分上好像不大对，曹操和袁绍是发小，如今和侄子成了儿女亲家。

袁谭急着请曹操攻打冀州，曹操让他先屯驻平原，等粮道一通，粮草接续得上，就马上进兵。

曹操自己带兵回驻黎阳，封二吕为列侯，跟在自己帐下听用。

袁谭当着曹操的面很乖，背地里称王称霸之心不死。谋士郭图建议他刻了两颗将军印，悄悄送给二吕，让他们给自己做内应：等我们利用曹操破了袁尚，你们就向曹操下手。

袁谭依计而行，没想到这二位拿着将军印就来告曹操来了。

曹操大笑：“你们先接下，我自有主意。”

当时他就动了杀掉袁谭的心思。

——袁绍和他当初一起皮，偷人家的新娘。发小已经死在自己手里，如今，侄儿又想杀叔，叔也想杀侄儿。

战争年代，人情人性最特么奢侈。

建安八年（203）五月，曹操还兵许都，特地上表，给荀彧请封万岁亭侯。

有功要赏，有罪当罚，曹操发出败军抵罪令，就是一点：在前线吃了败仗，父母妻子儿女，都要受连累。

如此一来，谁敢不争先？

曹操绝对不仁义治军，他的军队也绝对不是仁义之师。

屁股后头有大棒，鼻子前头吊胡萝卜，曹操的军队战斗力突飞猛进。

曹操毕竟是文化人，又特地颁布一则修学令，命令各郡、国都要设置文学官员，县满五百户的，要设校官，挑选乡郡里的才俊子弟，教育他们，这样才能够使先王之道不废，仁义谦让之风得以延续，而使天下都能得益。

说到底，哪怕是战争年代，也需要读书种子。这一点，曹操想到了。他也破坏，也建设。

有人把他和董卓相提并论，董卓和他怎么比。他是鸽子灰，董卓是老鸹黑。

建安九年（204）正月，曹操北渡黄河，开始疏通粮道，为攻打邺城的袁尚做准备。

袁尚没有意识到危机，忙着打他的大哥去了，着部将审配、苏由邺城留守。

曹操大军推进邺城城下，上筑土山，下挖地道，命曹洪持续进攻。

他自己带着军队占领武安，切断并州援军；又占了邯郸，切断幽州援军。

邺城成了孤岛。

易阳、涉县两县令献城投降，曹操封他们关内侯给别人看——投降我的，就这待遇；不投降的，杀你全家。

邺城易守难攻，许攸献计，曹操围着邺城四十里，挖了一个浅浅的沟。

审配在城上高高地望见，放声大笑：曹操脑子坏掉了，这么一个浅沟，能顶什么事。当晚安眠，梦里都笑。

第二天一起床，傻眼了：啥时候这条沟这么深了！这已经不是沟了，这是河啊！滔滔漳河水被引进沟内，绕城四十里，阔二丈，深二丈，有兵严守，人不得度，船不得行。

邺城被困死了，粮食吃一粒少一粒。

袁尚闻报，星夜回援，不日近逼曹军。

部将马延怕走大路遭遇曹操的伏兵，建议袁尚走西山小路。曹操知道了，挺高兴：

“他们如果从大路来，这是想要拼死命的架势；如今走西山小路，打的是进可攻，退可跑的主意，没有存着必死之心，我们可一战而擒。”

袁尚果然沿西山南下，距离邺城七十里扎营，夜间举火为号，城中也举火呼应。

审配率军开北门出城，要跟袁尚内外夹击，把曹操的军队包一顿饺子吃。于是，审配把城中百姓收拢起来，竖白旗，出城投降。

曹操说都别动！城里没粮，出来诈降。

张辽，徐晃，各引三千军马，埋伏两边，等着军队出来，干他娘。

城门开处，百姓扶老携幼，打着白旗，面带菜色，神情惊惶。曹操心下略有不忍，转眼压下念头，盯死了大批百姓的后面。

果然，一支军队奔突而出。曹操早有准备，红旗一招，张辽、徐晃两路兵马如乱流决堤，马蹄踏踏，齐出乱杀。百姓被惊乱逃，杀死踏死无数，鲜血染红地面。

城中兵马不能建功，只得撤回。曹操一马当先，冲到吊桥边，被城中一阵乱箭射来，有一支正中头盔，险些给他来个透脑凉。

第七节　我打仗原来是为了你小子

曹操被众将急救回阵，回头就来打袁尚，袁尚大败，退往西山下寨。

偏偏来支援的两支援军将领马延、张顗来随着吕旷、吕翔降了曹操，也被封了列侯。四员降将截断袁尚粮道。袁尚夜走滥口，又被埋伏的曹兵大杀一阵；继续奔逃，实在无路可走，只得派人见曹操投降。

曹操这个贼心眼的，说好吧，我接受你的投降。

袁尚松一口气，这下子终于能够人稍解衣甲，马稍解鞍鞯，松口气了。

没想到，夜里一阵喊杀声起，原来曹操连夜就派张辽、徐晃来劫他的营寨。袁尚一口气没喘匀，连印绶、节钺、衣甲、辎重，都顾不上要了，失魂丧胆，望中山而逃。

曹操这下子又得了许多的战利品，光头盔就收了将近两万，弓、箭、盾、戟，数都数不清。

袁尚逃了，邺城尚未攻陷。

城内粮绝，百姓和士兵饿死无数。

袁谭手下大将辛毗用枪挑着袁尚的印绶衣服，在城外招安城内军民。

审配在城楼上一看大怒，因为辛毗的家人都已经及早转移，所以把气出在他的哥哥辛评家人身上，辛评一家，连老带小，全部下狱。

审配的侄子审荣和辛毗交情极好，一支箭射下城去，箭上写着献城门的密信。

曹操得了此信，先下令，攻入城中者，不要杀害袁氏一门老小。无论军民，凡投降者皆不杀。

第二天，天亮了。

审荣大开西门。辛毗眼珠赤红，一马当先，杀入城门，身后曹兵一拥而入。

辛毗快马加鞭，想去解救辛评一家，发现已经被杀光。

审配带兵死战，被徐晃生擒，绑出城去。路上遇到辛毗，辛毗咬碎钢牙：

“该杀贼！你今天死期到了！”

审配大骂：“贼叛徒！我恨不能杀你泄愤！”

审配被押到曹操面前，曹操瞅着他，冷冷一笑：

“你知不知道献门接我入城的是哪个？是你的侄儿审荣啊！你人心尽失，还守个什么劲！”

审配大怒：“小王八羔子不以大局为重！”

曹操又问：“昨儿我到你这城下，怎么城里边射我的弩箭这么多呀？”

审配：“恨少！恨少！”

曹操又问：“审卿，你忠于袁氏一门，这样表现也在情理之中。如今袁氏大势已去，你可愿降我？”

审配：“不降！不降！”

辛毗痛哭着跪地哀求曹操：

“不要饶了他，杀了他吧！杀了他吧！我家大大小小八十余口，都死在他刀下啊！”

审配紧咬两腮，唇角堆起白沫，切齿求死：

“我生是袁氏一门的臣，死是袁氏一门的鬼，不像你们这一帮子谗谄阿谀的贼！赶紧杀了我痛快！”

曹操闭闭眼，挥手让人牵了审配出去。

刀斧手高举鬼头刀，往手心里唾两口："呸！呸！"抡刀要砍，审配大叫："等一下！"

刀斧手的刀停在他的后脑，不过寸丝。

审配辨一辨方向，"我主在北，你们不能让我面南而死"，转过身子，向北而跪，脖子伸得长长的。

鲜血飙起，染红地面。

他被葬在城北，曹操全了他一片尽忠为主之心。

建安九年（204），曹操攻克邺城。

众将请曹操入城，曹操大笑，却见一个人被绑到跟前，原来是陈琳。

曹操连忙摆手："放开他，放开他。"

陈琳被放开。

曹操苦笑一声：

"你说你，当初给本初写檄文，你骂我就行了，干吗连我爷爷和我爹都骂了呢？"

陈琳说这不没办法嘛。箭在弦上，不得不发呀。

左右劝曹操杀了他算了，当初那么骂你，刀刀戳人心窝子。曹操一摆手，算了，他也是身不由己。来跟着我干吧。

从此，陈琳就跟在曹操左右，做了司空军谋祭酒，和阮瑀一起，管记室。

阮瑀也是建安七子之一，早被曹操收罗麾下。他的儿子阮籍，孙子阮咸，都是一代名人，位列"竹林七贤"。

曹操心情大好，马上就要入城门的时候，许攸一打马跑到跟前，用马鞭指着城门，高呼曹操的小名：

"阿瞒，如果不是我，你怎么能入得了这个城门？"

曹操大笑。

▲ 刘备跃马过溪

第八节　死得活该

十八岁的曹丕随父出征，持剑杀入袁府。袁府下人逃走一空，后堂两个女人抱头而哭。

山河破碎风飘絮，身世浮沉雨打萍。

“你们是什么人？”

两个女人吓一跳，哭得太投入了。回头一看，是个年轻公子，手中长剑的剑尖滴着鲜血。

年长的妇人赶紧回答：“妾身是袁将军之妻刘氏。”

原来她就是袁尚的母亲。就是她磨着袁绍，要立自己的儿子为嗣，天天在袁绍耳朵边上吹风，结果搞出国破家亡这么大的事情。

“那人又是谁？”曹丕抬下巴。

“她，”刘氏把另一个女人的脸抬起来给曹丕看，似乎是断定曹丕会动心。这个女人极年轻，眉目动人，看一眼曹丕，又赶紧低下头去，泪珠滴滴，像荷花苞上滚动的雨滴。

曹丕觉得，自己好像恋爱了。

刘氏小心翼翼扫他一眼，继续说：“这是我二儿袁熙之妻，甄氏。”

曹丕近前一步，甄氏往后一缩，她看见了曹丕还滴着血的剑尖。

曹丕一看，把剑当啷一扔，伸出手去，想做些什么，又不知道该做些什么，人生第一次手足无措，声音都不由放轻了：

“别怕。我是曹将军之子，我会保护你——们。”

然后拾起剑来，迈大步，出后堂，坐在前厅，宝剑横放膝前。

婆媳二人渐渐止了哭声。

曹操带人来到袁府门前，问："有谁进来过没有？"

守将回答："世子在里面。"

刘氏出来，拜倒在地：

"如果没有世子，我的家不能保全。我愿将甄氏与世子为妾。"

曹操让把甄氏叫出来，他要看看。这一看之下，嗐了一声：

"你老子我打了半天仗，原来是为了你小子，"转头对曹丕说，"当得起我的儿媳妇。行了，娶了吧。"

曹操背着手走了。

这个女人，就是曹丕的弟弟曹植笔下名篇《洛神赋》里的主人公妹子：

"其形也，翩若惊鸿，婉若游龙。荣曜秋菊，华茂春松。仿佛兮若轻云之蔽月，飘飖兮若流风之回雪。远而望之，皎若太阳升朝霞；迫而察之，灼若芙蕖出渌波。秾纤得衷，修短合度……"

这篇《洛神赋》，讲说的是他黄初三年朝觐曹丕的时候，见到"洛神"，那叫一漂亮。可是，他是小叔子，人家是嫂子，写也白写。

曹操到袁绍墓前设祭，一拜，再拜，泪流满面。

众官陪同，一脸蒙圈。仇人死了，人生大快，侬哭啥子。

曹操说：

"当年我和本初共同起兵之时，本初问我，若事不谐，我们有什么凭恃。我问他是什么打算，他说他要南靠黄河，北靠燕、代，收容外族兵力，凭借地利，据北方而南向以争天下。我说我不在乎土地，我要凭智力和天下大道，集合天下英才，正确领导，在什么地方都行。

"言犹在耳，而本初已死。思想及此，不由我不流下泪来。"

想当初，他们二人，同为官宦子弟，年少相识，干了不少皮皮虾的皮皮事。

再后来，京城八校尉，他二人居其二：袁绍是中军校尉，曹操是典军校尉。二人成立反阉同盟，共同反抗阉党乱政。

再后来，群雄逐鹿，鹿却只有一只。好朋友变成死敌，本初也被他压着打，活生生气得吐血而死。

白云苍狗，斯人已逝。本初还有儿子，恩怨尚未两清。

曹操命人赐给袁绍妻刘氏米面金帛，又下令免了袁绍所统治的河北今年的租赋。

他申表朝廷，自领了冀州牧。

正意气风发，顺心畅快的时候，有一个人又跳出来给他添堵。

这个人就是许攸。

一日，许褚走马入东门，正迎许攸，攸唤褚曰："汝等无我，安能出入此门乎？"褚怒曰："吾等千生万死，身冒血战，夺得城池，汝安敢夸口！"攸骂曰："汝等皆匹夫耳，何足道哉！"褚大怒，拔剑杀攸，提头来见曹操，说："许攸如此无礼，某杀之矣。"操曰："子远与吾旧交，故相戏耳，何故杀之！"深责许褚，令厚葬许攸。（《三国演义》）

这是演义出来的故事。

事实上，倒不是许褚杀的许攸，是曹操把许攸杀了。

许攸居功自傲，对曹操经常口出戏言。一次聚会，当着许多人，许攸又对曹操说："阿瞒，你没有我，不会得到冀州。"

曹操又哈哈大笑："你说的一点不错。"

嘴上虽这么说，心里却非常不高兴。

后来，许攸率随从出邺城东门，又得意地说：

"他们曹家没有我，不可能出入此门。"

这话传到曹操耳中，曹操终于忍无可忍，下令杀了许攸。

曹操手下那么多谋士，给曹操建言献策，扭转了许多危局，提了许多决定性的建议，没有哪一个像许攸这么嚣张的。

一方面他死于傲慢，一方面他死于超低的情商。

时位移人，不由人不信。许攸就是因为不信时位移人，所以，赔上自己性命。

死得糊涂，死得活该。

第九节　一觉睡到大天亮

魏武将见匈奴使。自以形陋，不足雄远国，使崔季珪代，帝自捉刀立床头。既毕，令间谍问曰："魏王何如？"匈奴使答曰："魏王雅望非常，然床头捉刀人，此乃英雄也。"魏武闻之，追杀此使。

——魏武就是曹操，因为他生前封魏王，谥号是武，曹丕登帝后，追尊他为武帝。

魏武帝曹操将要接见匈奴的使节。他自认为相貌丑陋，不能对远方国家显示出自己的威严，便叫崔季珪代替，自己却握着刀站在崔季珪的坐床边。

接见后，曹操派密探去问匈奴使节说："你看魏王怎么样？"

匈奴使节回答说："魏王的崇高威望非同一般，可是床边握刀的人，这才是英雄啊。"

曹操听说后，趁使节回国，派人追去杀了他。

这是《世说新语》里的一节故事。

故事里的崔季珪，就是崔琰。

一个非常、非常帅的哥。

崔琰当初在袁绍手下。袁绍的士兵挖坟掘墓，崔琰劝袁绍管管他们，让各地把尸骸埋一埋；后来曹操迎天子到许都，崔琰又劝袁绍顺从朝廷，不要想着自立为王。

埋尸体袁绍听他的，不自立为王袁绍可不听他的。

袁绍死后，袁谭和袁尚哥儿俩打得鸡毛鸭血。兄弟两个都想得到崔琰，崔琰谁也不跟，结果给扔进监狱，被陈琳等人营救，才逃出一条命。

曹操自领冀州牧，使人遍访冀州贤才，就不断有冀州百姓推荐崔琰。

曹操于是征召崔琰，任命他为本州的别驾从事。这天，他对崔琰说：

"我昨儿个查核户籍，发现本州足有三十万人之众，这可是个大州了。"

他是打仗出身，关心的是人口，人多力量大。

崔琰正色说：

"如今汉家天下分崩，九州分裂，袁氏兄弟同室操戈，冀州百姓暴骨荒野。丞相啊，如今您的王师驾到，却不急着澄清风俗，救百姓于涂炭，而先算计户籍，这岂不令本州男男女女都对您失望？"

曹操一听，改容相敬。

于是，曹操发布了《蠲河北租赋令》和《抑兼并令》。

《蠲河北租赋令》只有一句：

河北罹袁氏之难，令其无出今年租赋。

《抑兼并令》略长：

有国有家者，不患寡而患不均，不患贫而患不安。袁氏之治也，使豪强擅恣，亲戚兼并；下民贫弱，代出租赋，炫鬻家财，不足应命；审配宗族，至乃藏匿罪人，为逋逃主。欲望百姓亲附，甲兵强盛，岂可得邪！其收田租亩四升，户出绢二匹、绵二斤而已，他不得擅兴发。郡国守相明检察之，无令强民有所隐藏，而弱民兼赋也。

无论哪一条，都把袁绍摆在头里当靶子，黑一把。

政令规定，免一年的田租和赋税；然后，从第二年起，每亩地只准收谷四升，每户出绢二匹，棉二斤，其他不得擅自征收。不许豪强有什么隐藏，致使那些没有权势的百姓替他们多交税。

政令颁布，民心得安，豪强也不敢奓刺，社会逐步走上正轨。

不久，曹操又颁布《赦袁氏同恶令》：

“下令曰：其与袁氏同恶者，与之更始。”

意思是，凡一切官员过去跟袁氏做过坏事的，允许他们改恶从善。

袁绍治下，冀州风气很坏，曹操又特颁一道《整齐风俗令》：

阿党比周，先圣所疾也。闻冀州俗，父子异部，更相毁誉。昔直不疑无兄，世人谓之盗嫂；第五伯鱼三娶孤女，谓之挝妇翁；王凤擅权，谷永比之申伯；王商忠议，张匡谓之左道：此皆以白为黑，欺天罔君者也。吾欲整齐风俗，四者不除，吾以为羞。

结党营私是古代圣贤所痛恨的，听说冀州风俗，父子分属两派，互相诽谤。

以前直不疑没有哥哥，别人却说他与嫂子私通；第五伯鱼三次娶妻都是死了父亲的孤女，却有人说他殴打岳父；王凤独断专权，谷永却把他比作忠于周室的申伯；王商忠诚地提了建议，张匡却攻击他搞歪门邪道。这些都是颠倒黑白，欺骗上天和蒙蔽君主的例子。

我想整顿社会风气，类似以上的四种现象，若仍存在，我认为是耻辱。

从此，冀州的风气开始好转。

曹操分出极大的心力，来经营这一大片新得的地盘。

山有小口，仿佛若有光。透过它，好像看见了未来的桃花源，歌舞升平，衣足食丰，可以脱下征衣，一觉睡到大天亮。

第六章

烈士暮年，壮心不已

第一节 时间都去哪儿了

袁尚大败，跑到幽州去投奔二哥袁熙。

袁绍的外甥高幹投降了曹操，曹操也没亏待他，仍旧让他当并州刺史。

曹操想向袁谭卖个好儿，让袁谭来拜自己。袁谭反悔了，不肯来——万一曹操想干掉自己哩？再者说，当初投降曹操，不就那么一说嘛！

曹操大怒，送回袁谭女儿，这个婚约不作数了。曹操起兵，一路打到了袁谭的根据地南皮。

辛毗的哥哥辛评是辅佐袁谭的，此时奉命去向曹操再次求放过。

曹操不肯放过袁谭，倒是看上了辛评：

"袁谭反复无常，小人行径。不要跟着他了，跟我干吧。"

辛评不肯：

"丞相，话不是这么说。我听说，主贵臣荣，主忧臣辱。我给袁家服务已久，怎么能随便背叛。"于是出营复命。

没想到，袁谭眼眉一竖：

"我知道你弟弟现在在曹操那儿，你是不是也怀着二心，不肯好好替我说话？"辛评一听，气满填胸，活活气死。

袁谭真是颇有父风，用人的指导方针是把忠良活活冤死为上。

建安十年（204），曹操猛攻南皮，袁谭殊死抵抗。

曹操一时吃不下，反而伤亡惨重，就想先缓缓。议郎曹纯不同意：孤军深入，士气一降，被袁谭反吃都不一定。

曹操一听，奋年五十之丞相威烈，亲自擂鼓催阵。鼓声咚咚，士兵怒嚎，南皮城破。

曹操的虎豹骑如下山猛虎，双目赤红，一拥而入。袁谭披头散发，死命打马奔逃。身后的虎豹骑看他周身气派，不同寻常，衔尾急追，一刀砍中战马，马咴溜溜一声惊叫，人立而起，把袁谭摔落在地。

袁谭急忙扬手制止："喂，喂，别杀我，放我过去，我能使你……""富贵"二字未出，长刀立挥，刀光映着严冬衰败的日影。

袁谭被杀，部将郭图等人和他们的妻子儿女，曹操一个都没放过，全部杀掉。

青州落袋，曹操又吃胖了一圈。

袁谭死，去押运军粮的青州别驾王修往救不急，跑到挂在北门外的袁谭的首级前放声大哭。

曹操说："我下令不许人哭吊，你居然跑去哭吊。你居然不怕死。"

王修说："他活着时，我受他任命；他死了，我不哭就是不讲仁义。怕死忘义，大丈夫何以立世。"

曹操长叹："河北义士，怎么这么多。可惜袁氏不能用，否则，我连正眼看此地的勇气都没。"

曹操又起了勾搭的心思："我允许你收葬他的尸首，你跟了我吧？"

王修不说话。

袁绍政令宽纵，手下多聚敛财务，一心为私。唯王修的家，粮谷不满十斛，仅有书籍数百卷。曹操感叹，礼聘王修为司空掾，代理司金中郎将，迁为魏郡太守。

《南皮县志》载："袁谭葬于李保民村东，其墓已湮。"王侯将相，不过一抔土，结果到最后这抔土也找不见了。

袁谭死了，高幹降了。

袁尚败逃幽州，投奔袁熙。这哥儿俩前脚听说大哥袁谭被灭，后脚袁熙的部将张南、焦触就带兵造反。

焦触自号幽州刺史，背袁向曹，陈兵数万，打得袁熙、袁尚逃奔塞外的乌桓。这下子，幽州也归了曹操。

曹操这边正乱着，并州刺史高幹出幺蛾子了。

高幹也不是平常人儿。有人夸他"才志弘邈，文武秀出"，"素贵有名，招致四方游士，士多归附"。但有一样，"有雄志而无雄才，好士而不能择人"。

不愧是袁绍的外甥。

他把举兵叛曹的意思跟名士仲长统说了后，仲长统劝他不要轻举妄动。高幹心正热，想着良机难逢，有便宜不占王八蛋，于是举并州之力反叛，占据壶关，秘密派兵袭取邺城。

荀彧的三哥荀衍发觉他的秘计，给他搞了破坏，于是高幹失败了。

按下葫芦起来瓢，曹操的心有点累。但是既然起兵，就有承担心累的觉悟。

乐进、李典奉命征讨高幹，但是高干据守壶关，久攻不下。

建安十一年（206）正月，年过五十的曹操亲征壶关。这下子高幹害怕了，派部将夏昭、邓升守城，他跑匈奴部落求援。

匈奴单于和曹操打过仗，结果败了，当然不愿再找倒霉，所以高幹求援不成。一路上进退失据，左右无援，只好去荆州投靠刘表，结果还没到地头，就被人杀掉，脑袋献给曹操。

至此，并州也落曹操袋中。

袁谭所占的冀州、青州、幽州、并州，如今全归了曹操。

三十五岁自陈留起兵，从最初的人不过数千，二十年南征北战，曹操终于统一北方。

这些年，真的是没有歇过，也不知道怎的，就一下子过了知天命之年。

时间都去哪儿啦?

一年又一年，刀剑铿鸣，人头滚滚，喊杀震天。食不知味，寝不安枕。饮马霜河，铁人也有累的时候吧。

如今，终于可以喘口大气了。

第二节　脸盆大的月亮升起来

建安十二年（207），春二月，曹操返回许都。

如今的曹操，按剑四顾，顾盼自雄，大行《封功臣令》:

“我起义兵削平叛乱，到现在已经十九年了。凡所征讨，都能得胜，难道是我个人的功劳吗？这些都是贤士大夫的力量啊！现在天下虽然不完全平定，我应当同贤士大夫一起平定它，而我却独自享受这些功劳，我心怎安？我要赶快定功，进行封赏。”

这才是最实惠的。

曹操奏准汉献帝，大封功臣二十多人，全都是列侯。其余的依次受封。同时，下令免除死难将士子女的徭役，并且把自己封地的租赋，分给他们和众将、属臣以及有资历的老兵。

另外，曹操还特地又上了一道《请增封荀彧表》，历数荀彧贡献，增加他食邑千户，又打算擢升荀彧为三公。

荀彧命荀攸恳切辞让数十次，曹操才打消原意。

荀彧好熏香，《襄阳记》载：“荀令君至人家，坐处三日香。”

一个步步生香的男人。

曹操地盘扩大，一下子就和塞外的乌桓做了邻居。

乌桓是中国古代民族之一，也称作乌丸。东汉时期，乌桓首领向汉朝贡，受汉节制。

东汉末年，袁绍为了笼络乌桓首领蹋顿，把本家的女儿嫁给乌桓的军事首领为妻。袁绍死后，袁尚、袁熙哥儿俩就率军民十余万户投奔蹋顿。

蹋顿多了这么多人马，一下子实力大增。

拳头硬了，胆儿就肥了。

乌桓的大军光在幽州就掠夺了十多万户百姓的财物，后来蹋顿公然带兵攻打支持曹操的昌乡县侯鲜于辅。

休整了一段时间的曹操，又蠢蠢欲动。

但是，大军出动，许都必定空虚，将领们纷纷反对；更重要的是，大军远征塞外，荆州刘表虎视眈眈。刘备一定会怂恿刘表抄我们的后路，突袭许都。到时候救援不及，后悔都没用。

曹操犹豫了。

这时候，郭嘉给他吃了一粒定心丸：

“明公勿忧。明公如今威震天下，如果攻打别处，相信对方一定会做足准备；但是乌桓远在北边蛮荒之地，信息不灵，对我们不会有多少防备之心。此时发动突袭，可一击而溃。此一也。

“袁绍虽对内猜忌，但是对外宽和，对他的领地和塞外边民，都有恩德，所以不少人仍旧感念袁绍恩德。袁尚兄弟一日不死，四州百姓一日不会彻底归心，不定什么时候就会指着袁尚兄弟给我们背后捅刀子。

“如果我们不对他们出手，袁尚振臂一呼，乌桓、胡人、四州百姓应者云集，就算他不足为虑，但是蹋顿可以以袁尚为抓手，滋长野心，想着统一北方。这样一来，我们好容易得了的青州和冀州，恐怕会很快易手。此二也。

“至于刘表，不过是个夸夸其谈的话架子，他也知道他没本事驾驭刘备：重用刘备吧，刘备会变成脱缰野马，不由他掌控；轻用刘备吧，刘备恐怕也不会那么听他的话。这样一来，刘表虽有刘备这个帮手，他也不见得肯那么听刘备的话；就算听了刘备的话，也不会委重任给刘备。所以，我们就算抽空全国兵力去打乌桓，许都空虚，也不足为虑。”

曹操一听，犹如满天乌云开，脸盆大的月亮升起来。

建安十二年（207），曹操正式出兵，讨伐蹋顿。

正逢盛夏，大雨如注，泥泞难行。

乌桓部落严守险关，曹操大军不能前进。曹操问计于田畴，田畴出主意，对外宣称班师回朝，实际上大军另择一路前进，朝北直入乌桓后方，打他个措手不及，定能生擒蹋顿。

当初，袁绍数次派人征辟田畴，田畴都坚辞不就。曹操大败袁绍后，也派使者征辟，他一听收拾收拾就跟着过来了。部下问他：

“为什么袁绍那么仰慕你，几次请你，你都不给他面子；曹操才派人来第一次，你就屁颠颠赶过去？”

田畴露出神秘的微笑，堪比蒙娜丽莎：“这你们就不知道了，我自有道理。”

田畴进了曹操大营，就给出如此精妙的一条计策。

曹操立准，大军后撤。不但如此，还在路旁竖大牌子，上面写着：“溽暑盛夏，道路难行，且等秋季，我们再来！”

乌桓派出的哨探看见木牌，回去报告蹋顿。蹋顿哈哈一笑，所有人也都哈哈笑了起来。

曹操要突袭了，郭嘉说：

“兵贵神速。远隔千里而要奇袭，速度能多快就有多快。抛弃辎重，减轻装备，抢战先机，一定要急行、急行、再急行！”

曹操立刻命令辎重押后，轻兵在前；田畴带领部众帮向导逢山开路，遇水架桥，向北一路挺进五百里，穿白檀、平冈，过鲜卑王庭，直扑蹋顿所在的柳城。

曹军距离柳城只有二百里，蹋顿方才闻报，大吃一惊，马上调集军队，同袁尚、袁熙迎击曹军。

白狼山下，两军遭遇。少数民族身强体壮，马匹又精，个个凶悍，杀气扑面。

曹军全军轻装，大多数军士连铠甲都没穿，不由胆怯。

曹操登上山峰往下望，见乌桓兵拥挤不堪，阵脚散乱，根本没有正规军应有的规范。曹操心里有了底，命张辽、徐晃带骑兵如下山猛虎，直冲敌军，自己率大部队随后接应。

乌桓联军被冲得乱作一团，蹋顿见势不妙，拨马要逃，被张辽一刀砍下马去。

袁尚、袁熙拨马飞奔，曹操衔尾急追。惜乎追之不上，袁尚、袁熙带着数千骑兵，逃到了辽东郡公孙康那里。

第三节　怎能让我忘了他

辽东公孙一族是名门大族。公孙度出身小吏，董卓当政时，被举荐为辽东太守。公孙度以杀立威，把当地豪门大族收拾得服服帖帖；而且还把相邻的高句丽打得彻底服气。公孙度又派兵击败乌桓，打下东莱，一举荡平辽东。倭国（即日本）都入朝进贡。

公孙度放眼东汉，壮志满满："汉朝的社稷快完蛋了，到时候，咱们要称称霸王。"于是，他自封辽东侯、平州牧。

东汉帝国自顾不暇，任他自说自话。曹操掌权后，为图省事，干脆表奏他为武威将军，封永宁乡侯，以为安抚。公孙度说：“我是辽东之王，稀罕你的什么永宁侯？屁。”

公孙度病死后，长子公孙康继承基业。

袁熙、袁尚逃亡辽东，公孙康感觉两难：

收留他们吧，会得罪曹操；万一曹操想灭辽东，他又想借助这两兄弟的力量抵抗。

弟弟公孙恭建议他先打听曹操动向，然后再做决定。

这边有人建议曹操追击，曹操说：“不必，我等着公孙康送来袁尚、袁熙的人头 。”

于是班师。

公孙康那边，细作几天后发来消息，说曹操按兵不动，于是公孙康杀了袁氏兄弟，首级送给曹操，递降表，向曹操俯首称臣：曹操得到了公孙家族名义上的效忠，不必为了面子出兵苦寒之地；公孙家族得了安宁，不必面对战争。

将领们收到袁尚、袁熙的人头，都十分惊奇，问曹操：

“丞相怎么知道我们撤退之后，公孙康会处决袁尚、袁熙？”

曹操说：

“公孙康一向畏惧袁尚、袁熙，我们如果一味急进，把他们打急了，他们不得不抱团反抗；只要我们稍微放松，恶虎和群狼之间，还能有什么结局？”

袁尚首级被曹操悬挂示众，下令三军，有敢哭一声者，杀。结果有一个人来到袁尚首级面前，大哭祭拜。

历史再次重演。

这个人叫牵招，当初被袁绍辟为从事，后来袁绍的近臣犯法，牵招先斩后奏，袁绍欣赏他的果断，也没有追究他。袁绍死后，他又追随袁尚。

后来，曹操攻打袁尚，牵招奉袁尚之命去督办军粮，没等回来，袁尚已经败逃；于是牵招又投奔高幹，希望高幹能迎回袁尚，高幹不肯，还想杀了他，牵招偷跑，路远难行，赶不到袁尚身边，于是转而投奔曹操，被辟为从事。

如今旧主死，牵招设祭悲哭。曹操自己打脸，也没有立斩牵招，反而保荐他当了“茂才”。

当初被乌桓掳去的十万汉人被曹操带了回来，曹操又把十余万的乌桓人也迁入内地，和汉人杂居在一起。乌桓的骑兵被收编，以后随着曹操东征西讨，号称“天下名骑”。

曹操又赢了一场大的。

但是，他也输了一个大的。

他把郭嘉“丢”了。

这一路出征，人困马乏。正逢大旱，200里内都没有水源，没奈何直挖地下三十余丈才能见水，杀战马以充军粮。

郭嘉随军征战，水土不服，又兼缺食少水，无医无药，中途死去。

他死的时候，曹操正奔袭乌桓。

袁尚被杀，还有郭嘉的功劳。他死前给曹操写了一封信，建议曹操不要那么急着派兵攻打辽东，以防他们抱团抵抗；放缓节奏，公孙康和袁家兄弟之间必定自反，这是大势。

曹操就是根据郭嘉的计策，才终于彻底平定北方，统一整个黄河流域以北。

如今曹操得胜而归，郭嘉已死，享年三十七岁。

他比曹操年轻十五岁，曹操还活蹦乱跳，郭嘉已经卸任归西。

到了易州，曹操赶去郭嘉停灵的公廨，人还没到，泪先下来了，紧抢几步，抚棺大哭：“奉孝！奉孝！”

热泪如泄，回头对众人说：

“你们的岁数，都和我差不多大，只有奉孝岁数小。我还想着我死之后，把后事托付给他，没想到他却中年夭折，先我而亡，让我痛断肝肠，奉孝，奉孝啊！”

曹操要大封功臣。

自官渡之战的八年内，有功的文臣、武将、谋士等人，都要表彰。

除了奖励有功的人，还要奖励敢谏的人，哪怕谏而未纳，只要是有利的谏议，都一律奖励。

荀彧坐镇许都，替他打理内事，所以他写信给荀彧，商量这事儿。同时，还给荀彧专门写了一封信，追伤郭嘉：

“郭奉孝年不满四十，和我相处十一年，我们共同经历险阻艰难。他通明智慧，一眼能看透纷纭世事，所以我本来死后把后事嘱托给他，没想到他一朝而殁，让我悲痛伤心。如今上表给他的儿子加增食邑满一千户，可是，这对于亡者又有什么用！无边追忆思念，皆是无用。”

曹操对郭嘉，没有用权谋，就是真心实意地喜欢和悼念。因为郭嘉对他，也是真心实意地欣赏和辅佐，如对父对兄。

郭嘉年轻，对东汉王朝没有那么深刻的眷恋，对于他来说，汉献帝不算什么，曹操才是真正的主人。

荀彧不同，他是东汉王朝的旧臣，所以汉献帝和曹操比起来，曹操在他心中的分量要退一射之地。

——这也是后来他们发生根本性分歧的极其重要的原因。

曹操后来又给荀彧写了一封信：

“我追念悼惜奉孝，奉孝老是在我心里萦绕。这个人深见卓识，对于时事兵事的见解都高高居于他人之上。又因为人都害怕生病，而南方常有疫病，他自己常说：‘一旦我去了南方，一定活着回不来。’但是，他和我论起军国大事，仍旧说应当先平定荆州。他为了军国大事，舍命定计，这样的尽心，怎能让我忘了他！”

第四节　三十二个赞

曹操得胜，回来就算旧账，问当初是谁劝孤不要讨伐乌桓？

大家面面相觑，那些阻止过曹操征伐乌桓的人更是面无人色：丞相这是要问罪的意思？

没想到，曹操却重重赏赐下去：

“我征讨乌桓，虽然得胜，实属侥幸。万一失败，葬身无地。后悔没听各位的意见，你们说的才是对的。所以要对你们加以奖励，希望以后继续知无不言。”

曹操再奸，再坏，但是他能成大事，因为他有一个善于纳谏的心思。

袁绍失败，就是因为不能纳谏。田丰临死叹息：“给愚人划策，合该一死。”这是智士的悲哀。

所以，曹操专为郭嘉上了一道《请追赠郭嘉封邑表》，表中，把郭嘉功劳一一罗列：东擒吕布、西取眭固、斩袁谭而平定北方，逾越险塞，扫荡乌丸，威震辽东，铲除袁尚，功不可没。这样的人，理应追赠加封。

曹操一生雄猜，若论君臣相知，他不如刘备。刘备和他的弟兄们是真的肝胆相照，和诸葛亮也是沥胆剖心。曹操难说不对谁保持警惕之心，但是他与郭嘉之间，是清风明月，两无嫌猜。

所以曹操才会和他行则同车，坐则同席——他老婆也没这待遇。郭嘉并不是规规矩矩的人物，但是曹操却说：“此乃非常之人，不宜以常理拘之。”

陈群因此奏了郭嘉一本，但是曹操表扬了陈群是不假，但是对郭嘉的行为却不闻不问，默认纵容。

东征西讨，郭嘉总在曹操身边，从来算无遗策，一眼穿透重重障云。若他不死，曹操身后，军国大事就要由他扛起来。惜乎早逝，天不护佑英才。

毛泽东对郭嘉当初针对袁绍给曹操分析的十胜论评价很高，说他的十胜论几乎涉及了中国兵法思想的各个方面，博大精深，古今罕成。

民间甚至也有一个说法，叫作“郭嘉不死，卧龙不出”，就好像是一种智脉迢递，各领风骚的才智接力。若是时空稍微错一下位，郭嘉不死，卧龙出山，二人相斗，不知道能演绎出什么样的精彩好戏。

到时候，也不知道这三国的格局魔方，会演变成什么模样。

但是，死了就是死了。

再轰轰烈烈的战争大戏，在天地眼里也不过几团蚂蚁打架。哪只蚂蚁早蹬腿，哪只蚂蚁晚蹬腿，哪只蚂蚁活到了白头，哪只蚂蚁被拧断了脖子，没什么区别。

曹操此次险胜，险胜也是胜，更因为九死一生，所以才更觉得胜利的甜美；而将士亡命，又让人愈加觉到天地的壮阔与悲凉。

班师途中，路经碣石。山顶有巨石矗立，曹操登顶远眺，胸怀鼓荡，特作《步出夏门行》组诗。

《步出夏门行》，又名《陇西行》，属汉乐府中《相如歌·瑟调曲》。“夏门”原是洛阳北面西头的城门，汉代称夏门，魏晋称大夏门。曹操作诗向来旧瓶装新酒，内容和题意八百竿子打不着。

其中的《观沧海》和《龟虽寿》，一字千斤，字字千斤。

步出夏门行·观沧海

曹操

东临碣石，以观沧海。

水何澹澹，山岛竦峙。

树木丛生，百草丰茂。

秋风萧瑟，洪波涌起。

日月之行，若出其中。

星汉灿烂，若出其里。

幸甚至哉，歌以咏志。

我东行登上碣石山顶啊，居高以观苍茫的大海。

大海烟波浩渺，水波荡漾啊，山岛巍然耸立。

岛上树木苍翠丛生啊，百草繁盛丰茂。

秋风萧萧吹起啊，大海涌起洪波巨浪来。

荡荡海域与天相接啊，太阳月亮仿佛在大海中运行也似。

银河灿烂也仿佛是从大海升起。

我可真是无比的幸运啊，且用诗歌来歌咏我的志向和心情呗。

步出夏门行·龟虽寿

曹操

神龟虽寿，犹有竟时。

腾蛇乘雾，终为土灰。

老骥伏枥，志在千里；

烈士暮年，壮心不已。

盈缩之期，不但在天；

养怡之福，可得永年。

幸甚至哉！歌以咏志。

神龟的寿命虽然十分长久，但也还有生命终了的时候。

腾蛇尽管能乘雾飞行，终究也会死亡化为灰烬。

年老的千里马伏在马棚里，它的雄心壮志仍然是一日驰骋千里。

有远大志向的人士到了晚年，奋发思进的雄心不会止息。

人的寿命长短，不只是由上天所决定的。

只要自己保养得好，也可以益寿延年。

我可真是幸运极了，且让我用歌唱来表达自己的所思所感。

国家不幸诗家幸，赋到沧桑句便工。

东汉末年，天下分崩，风云齐聚，动荡离乱，诗文不劳用力过度，就有沉郁顿挫的文风，读来令人心头发热，浑身发冷，宛如强钟劲磬，嗡鸣砰訇。

曹操跨鞍马而征战，横大槊而赋诗，见了多少鲜血，经了多少战阵，才铸就这样悲壮慷慨的雄诗卓文。这种沉郁、爽朗、刚健，被后人形象地称为“建安风骨”，没有这根骨，诗就软趴趴提不起精神。没有曹操，诗歌也不会再次焕发不一样的光彩。

所以，在这方面，要给他点三十二个赞。

第五节　下荆州

曹操统一了北方，但是，荆州刘表、江东孙权都在向他招手。

啊，不是，是荆州和江东偌大的地盘在向他招手。

荆州是四方要冲，要打南方，必得先占荆州；所以，刘表很荣幸地上升为他的头号敌人。

至于打南方，曹操也有打算：一回到邺城，马上命人挖湖蓄水，训练水军。

这些外政先略放放，内务也需要整理一下下。

建安十三年（208），曹操擢升崔琰为丞相府西曹掾，毛玠任丞相府东曹掾，司马朗当主簿，他的弟弟司马懿当文学掾，卢植的儿子卢毓当法曹议会史。

新班底建立起来了，一切都焕然一新。

崔琰和毛玠还负责文官的选拔跟升迁调免，两个人都如清水明镜，任用的官员也如清水明镜，民风于是也变得清水明镜，曹操简直可以垂拱而治。

曹操又派张既去游说西凉的马腾，劝他放弃军权，到朝廷当官，这样一来，朝廷不会有他这个后顾之忧，他也不必担心朝廷随时派大军干他。

马腾终于带全家老小迁居邺城，住到曹操的眼皮子底下。曹操表他为卫尉（皇城禁卫司令），儿子马超做偏将军，继续留守槐里，领导父亲的军队。

基本上，算是马腾一家子做了曹操的人质，换来他的凉州兵马无异动。

这样一来，内务也顺了，关外也顺了，打荆州就紧锣密鼓地提上日程了。

曹操热火朝天地打袁绍、揍乌桓的时候，刘备也没歇着。

他可忙了。

建安六年（201），刘备投奔刘表，刘表念在同宗情分，对他十分照顾。可以说刘表是十分实心眼的了。

驻守荆州的这几年里，刘备又有心肠，又有手段，荆州的豪强地主都待见他得不行，以至于后来他撤离的时候，“荆楚群士，从之如云”。

而且，最重要的是，他三顾茅庐，硬是把卧龙诸葛亮给“顾”到了自己的麾下。诸葛能抵百万兵啊！

他还利用清查户口之机，暗搓搓地募到不少壮丁，给自己补充兵员。

他不想偏安，不想寄人篱下，他胸中有百万甲兵，眼前是整个天下。

偏生刘表只会高谈阔论，只想坐保荆州，就像一个守家的地主老财。

刘表的荆州是块肥肉，曹操看上了它，割据江东的孙权也看上了它。当然，看上它的，还有刘备。

刘备得到荆州，可以充当跳板，一鼓作气，夺取巴蜀。实力强大后，还能顺江而去，吃掉东吴。

曹操得了荆州，可以困住蜀汉；而且还可以训练水军，攻打孙吴。

刘备和曹操无论哪家得了荆州，孙权都会被利箭顶住脑门心。所以，荆州落自己袋里，他才最安心。

虎视眈眈之下，刘表家的内政也动荡不安。

立长还是立幼，这是一个问题。

刘表的长子刘琦和次子刘琮是亲兄弟。他们的母亲去世后，刘表续取蔡氏女，小舅子蔡瑁也进入荆州政治高层。

蔡氏的内侄女嫁给刘表的小儿子刘琮，蔡氏成天吹枕头风，吹得刘表想立刘琮为嗣。

长子刘琦就可怜了，蔡瑁也说刘琦坏话，刘表的外甥张允也说刘琦的坏话。刘琦成天糟心得不行，简直是哔了狗的心情。

为了保住性命，刘琦多次请教诸葛亮。诸葛亮给他出主意，让他领兵在外，避开后娘锋芒。

正值江夏太守黄祖战死，刘琦自告奋勇离开荆州，担任江夏太守。

不久，刘表病死，蔡瑁等人就拥戴刘琮做了荆州牧。刘琦气死了，要借奔丧的名义讨伐弟弟。

就在这时，曹操大军南下荆州。大将蒯越和荆州豪族都劝刘琮投降曹操——他们都怕自己死。至于刘家的人死不死，干他们屎事？

刘琮还是个孩子，被人舌头翻出花儿来，劝着投降了。

当然，这事儿事先没让刘备知道。

刘备发觉异常，派人去问刘琮，刘琮才派人去刘备那里送上正式公文，通知他荆州全境降曹。

刘备一听，六月天头顶心浇一盆雪水。

他对使者大发一通脾气，然后着急忙慌，乱糟糟，拖拖拉拉，从樊城撤向江陵。又不能轻骑逃命，部众和百姓有十多万，运载辎重的车辆有好几千，都追随他呢。

单论人望和口碑，曹操远不及刘备也。刘备可从来没有干过屠城和坑杀降俘的事情。

而且曹操凶名在外，谁知道他占了荆州，会不会屠城？

但是，刘备这样的龟速撤退，一天只走十来里地，太慢了。

第六节　瞌睡遇枕头

江陵有大批粮草武器，曹操怕刘备得了，率轻骑五千人，一天一夜急行三百里，压地而至，和刘备打在一起。

刘备败了，被张飞带兵救援，杀开一条血路，望东而走。

他的百姓、家眷并糜竺、糜芳、简雍、赵云等一干人，皆不知下落。

后来糜芳带箭而归，报告说赵子龙投降曹操去了。刘备不肯信。

原来赵云负责照顾刘备家眷，如今乱军中失散，他转回头杀到曹军阵里，存着一条心，要不然就战死，要不然就把刘备的家眷救出来。

一路顶着溃败奔逃的人潮回溯，遇见甘夫人，又救了被缚的糜竺下来，大开杀戒，直送他们到长坂坡，遇见来寻找赵云的张飞。糜竺和甘夫人交到张飞手里，赵云拨马再回旧路。恰遇着曹操随身背剑名将夏侯恩，被他一枪刺下马来，缴获了名剑“倚天”和“青釭”。

赵云插剑提枪，再次杀入重围，跟着他冲杀的士兵已经都倒下了，他只剩孤身一人，却无半点退心，到处寻找，在一堵土墙下的枯井旁找见糜夫人，正抱着阿斗绝望哭泣。

糜夫人把阿斗托付给赵云，为怕耽误赵云冲出重围，自己投井而死。

赵云将土墙推倒，掩盖枯井。然后，解开勒甲绦，放下掩心镜，将阿斗抱护在怀，绰枪上马。

曹洪部将晏明带一队步兵赶来，被赵云一枪刺倒，杀散众军，冲开一条路来。

正打马疾行，前面又被张郃拦路。赵云一句话不说，挺枪便刺，冲出重围；又被前面二将焦触、张南、后面二将马延、张顗团团包围。赵云力战四将，曹军一齐拥至。赵云拔青釭剑乱砍，杀退众军将，直透重围。

曹操登高远望，看见一员将军左冲右突，手起剑落，威猛无比，势不可当，连问是谁。赵云大声说：

“我是常山赵子龙！”

曹操惊叹：“虎将，真是虎将！左右，传令下去，捉活的。”

幸亏有他这一令，赵云才没被活活围死，终于被他怀抱阿斗，砍倒大旗两面，夺槊三条；前后枪刺剑砍，杀死曹营名将五十余员，杀出重围，一溜烟去见刘备。

赵云献上阿斗，被刘备一把把阿斗摔在地上，说：“为了你，险些误我一员大将。”

我就呵呵了。

他胳膊长啊，儿子又摔不死。

这就是“刘备摔孩子——邀买人心”这个说法的由来。我们吃瓜群众也是有智慧的。

这么一追一打，所有的部众和辎重都落到曹操手里。

曹操发财了。

得了荆州的江北四郡，收编了荆州军七八万人，蒙冲斗舰一千多只，军用物资不计其数。

曹操正琢磨着打孙权。打孙权就要打水战，荆州军素习水战，又得良船战舰，这可真是，瞌睡遇着枕头。

曹操还收获了一个谋士——他可爱谋士了。谋士有脑子，脑子是好东西。

这个谋士叫徐庶。

徐庶本名徐福，那一年，他还是个小流氓式的肌肉男，为人报仇，而后乔装逃走，结果被逮。问他叫什么名字，打着也不说，于是官府把他绑到村子上，磨刀霍霍，拿出想要把他大卸八块的架势，他还是不说是谁。

周围的人也都不敢说这个人是谁——他可凶恶了。

后来他的同党把他救走，从此不当肌肉男了，徐庶开始读书求学。读书人瞎清高，瞧不起他，因为他有黑历史。但是徐庶不在意，天天早起，还一个人搞保洁，不管做什么事，都要问别人的意见，学习又认真。总的来说，又合群又上进，成功洗白。

而且，他还结识了同郡的石韬，收获了胶漆一般的友谊。

董卓作乱，四处兵祸连结，徐庶避乱到了荆州，和诸葛亮结识。后来刘备被曹操赶得无处可逃，南下依附刘表，刘表让他屯兵新野。徐庶特来投奔刘备。

是他向刘备推荐的诸葛亮，刘备死乞白赖，求得卧龙上了他的床——不对，他的船。

刘备此次逃跑，带的部众和百姓里面，就有徐庶的母亲。曹操追上，掳走辎重和俘虏无数，也有徐庶的母亲。

为保母亲平安，徐庶投到曹操帐下。石韬和他做伴。据《三国演义》的说法，他向刘备承诺，终生不为曹操设谋。

大约也是因为这个原因，诸葛亮率军北伐的时候，听闻徐庶与石韬在魏国官职都不怎么高，感叹说：

“难道是魏国的谋士太多了吗，为什么不重用徐庶与石韬两人呢？”

为什么不重用，难道他们自己心里没点子数吗？

第七节　合击技

曹操夺了江陵，把当初劝降刘琮的蒯越等十五个人，都封了侯爵——他们当初劝降，不就为的这个吗。

按《三国演义》的说法，曹操把刘琮也给杀了。不过，就史实来说，刘琮后来结局，史书无载。

刘备的残部和关羽率领的水军会合，渡过汉水，又遇到前来接应支援的刘琦。两下里军队归了包堆，约有两万，退到夏口。

夏口在长江以北，曹操仍旧可以大举来攻，刘备又再退一步，到了鄂城的樊口。

曹操来势汹汹，逼得孙权和刘备不得不抱团儿。到了樊口后，诸葛亮就和鲁肃一起去见孙权。

孙权正焦头烂额。

他接到曹操讨伐东吴的檄文了：“近者奉辞伐罪，旌麾南指，刘琮束手。今治水军八十万众，方与将军会猎于吴。”

第一：我把刘琮给打败了，把荆襄给收了。

第二：我有八十万雄兵，咱们打一场？

东吴大臣吵成一片。

张昭主和："曹操兵力又多，打的旗号又大——人家拉皇帝这张虎皮当大旗。不如投降，才能保全。"

别的谋士们都小鸡啄米狂点头："是是是，对对对，这样才上合天意。"

有事没事拉出来老天爷。

鲁肃恰好出差回来，孙权背地里问他，他说了几句大实话：

"我们大家，都可以投降曹操，只有将军你不可以投降曹操。

"像我们这些人，投降曹操后，仍旧能够回来东吴，而且继续当官，如果正常的话，也不缺个州郡长官当当。可是将军，你投降了曹操，曹操还会放你回东吴吗？你又能去哪里呢？

"曹操撑死封你一个侯爵，一乘车，一匹马，几个随从，这就是你的全部架势。这样寒酸，且又朝不保夕，不定曹操什么时候就赏你一个死。性命祸福捏在别人手里，哪有你南面称孤来得豪迈自在！

"众人说降，都是为的他们自己考虑，将军你要看明白。"

一席话说到孙权心里去了。

麾下将士谋臣，主战也好，主和也罢，大部分其实都从自身利益出发去考虑。历来如此。

有了鲁肃这席话，这个时候诸葛亮来，舌战了一番群儒，连激带拐，嘴炮打得江东群臣没有还手之力。

孙权下定决心，和刘备联合，共同抗曹。

这一年，孙权二十七岁。风华正茂，敢打敢拼，缺的就是给他鼓劲的人。

诸葛亮就是来给他鼓劲的：

"我们刘备虽然在长坂坡吃了败仗，但是集结部众，再加上关羽水军，还有精锐一万，刘琦所属也不下一万。

“曹操的大军远道而来，人困马乏，又不熟悉水战。

“荆州将士虽然被他收服，那是打服，不是心服，所以战力很低。

“如孙将军能派一员猛将，率军数万，去和我们长官合击，曹操一定给打得哭出来。

“曹操一败，必定北撤。河北、江东、荆州，鼎立之势可成，就不必再担心曹操能吃掉你我。”

孙权一听，心中大定。

曹操连打胜仗，打出了威势，也打出了傲气。既然你们不服，那我就来将你们打服。

甚至都不用打服，我雄兵百万，挥师江东，打都不用打，只要我拉开架势，就问你怕不怕!

人一骄傲了，就听不进意见了。贾诩不赞成他出兵，因为时机未到，所以建议他休整部队，安抚百姓。时机一到，江东不用打，他自己就来递降表。

曹操不听。

这个时候，周瑜也被孙权召回，周瑜也是坚定的主战派：

“北方边疆，仍没有平定，西北军阀马超、韩遂，仍驻屯关西，始终是曹操的后患。

“曹军擅长陆战，如今却要跟擅长水战的我吴越士兵打水战，他是找死。

“现在，天寒地冻，战马无草可吃，曹操让他的这些旱鸭子士兵深入这里的河川湖泊，一定会水土不服，不出所料，必定暴发疾疫。

“像这数种不利，照理说曹操都应该考虑，但是他却不顾一切。所以曹操可一战而擒。”

孙权一听，热血澎湃，拔刀砍下一块桌角：“凡是再劝降者，例如此案。”

主战派胜。

当夜，周瑜又去见孙权，进一步指出曹操的漏洞：

“大家一看曹操的水陆精兵八十万，吓也给吓死，蒙了，都不知道去计较虚实了。事实上，曹操所统率的直属部队，不过十五六万而已，而且他们长途跋涉，早已疲惫。

“新接收的荆州部队，充其量也不过七八万，而且军心不稳。

“以疲惫之兵，御军心动摇之众，人数再多也不过是送人头而已。我只需要精兵五万，就足够抵敌。”

这么一来，孙权更踏实了。

周瑜和他要五万兵马，仓促难以集结，先给他征调了三万，船舰、武器都准备齐全，让周瑜跟鲁肃、程普先行出发，孙权继续集结部队，坐镇后方，做好他们的后盾。

于是，周瑜、程普、鲁肃率军而上，和刘备合力，准备迎击曹操。

第八节　没毛病，老铁

孙刘联军逆水而上，行至赤壁。

曹操率水陆两军自江陵出发，沿江东下，也抵达赤壁。

磨刀霍霍向仇人。

倒霉催的，曹操的军队正发生大规模的瘟疫。一边是瘟疫流行，一边是新编的水军和新归附的荆州水军没有好好磨合，哪哪儿都不顺手，所以初一照面，就被周瑜一巴掌呼在脸上，吃了一败。

曹操无奈，把水军“引次江北”，和陆军会合。隔着一条长江，和周瑜的战船遥遥对峙。

曹操的水军，狼狈得不成人样。到处是瘟疫，还有晕吐的人。有人给他出主意，教他把舰船首尾连起，这样人马在船上可以如履平地。《三国演义》里讲，是庞统给曹操出的馊主意，但正史中并没有这样的记载。

无论怎样，曹操是真的把战船给连成一片了。他还挺得意：

哈哈，我是天才。

解决了这桩心事，曹操也有了心情看长江壮阔，流云飞卷，足以畅目骋怀。这可真是，无边落木萧萧下，不尽长江滚滚来。

此时已经是建安十三年（208），曹操五十三岁了。

知天命之年已过，自己仍旧四处奔波，且功业日大；惜乎时间如流水，匆匆不回头。

曹操传令，置酒设乐于大船之上，他要遍宴诸将。

天色一点点变暗，月出东山，一带长江被照得如同一匹素练。左右数百，执戈持戟拱卫；文武众官，各依次序就座。

曹操见南屏山色如画，东视柴桑境内，向西观望夏口一带，又南望樊山，北觑乌林，哪哪儿都没有遮挡，四顾空阔，心中甚是喜欢。和大家饮酒欢宴，一时之间，醉将上来，拿过大槊，立在船头，酒奠长江，横槊顾盼：

“我持此槊，破黄巾、擒吕布、灭袁术、收袁绍，深入塞北，直抵辽东，纵横天下，到底没有辜负了我这一番大丈夫的大志向。

“如今对着此景，心中慷慨，我要作它一歌。”

于是作歌曰：

对酒当歌，人生几何？譬如朝露，去日苦多。

慨当以慷，忧思难忘；何以解忧，唯有杜康。

青青子衿，悠悠我心；但为君故，沉吟至今。

呦呦鹿鸣，食野之苹；我有嘉宾，鼓瑟吹笙。

明明如月，何时可掇？忧从中来，不可断绝！

越陌度阡，枉用相存；契阔谈宴，心念旧恩。

月明星稀，乌鹊南飞；绕树三匝，何枝可依。

山不厌高，水不厌深；周公吐哺，天下归心。

曹操这首《短歌行》，被《三国演义》安排在了火烧赤壁前夕。事实上，也没有人知道它确切地作于何时。

众说纷纭，只能说明一个事实：这首诗，极好。

强敌在前，军中疾疫，年已过知天命，仍旧沉郁豪雄，不堕志气。

一头有情怀的战争大牛。

这天，周瑜和黄盖大吵起来。

周瑜像往常一样，做工作部署："曹操带百万兵，相连三百多里，一时之间拿他不下。命各位将领各自领回三个月的粮草，做好防御准备。"

黄盖哈哈一笑："别说三个月的粮草，你就是支给我们三十个月的粮草又有个屁的用处。这个月能破曹，那就破了；不能破，那就投降。"

周瑜大怒："两军相敌，乱我军心，左右，给我推出去，斩！"

大家吓一跳。

黄盖也大怒："我随着破虏将军纵横东南，已历三世，哪有你这个毛头小子鸟事？"

周瑜火杂杂，喝令："斩，快斩！"

众官一下子跪倒一片，苦苦求情。周瑜恨声不息："死罪可免，活罪难逃，给我打一百背花！"

一百脊杖背花打下来，人就死了！众官又哀告免刑，气得周瑜一把推翻桌案——孙权立誓，斩桌案一角；如今周瑜一把把桌案推翻，桌案：我招谁惹谁啦？

黄盖被剥了衣服，拖翻在地，打了五十脊杖，皮开肉绽，鲜血迸流，昏绝不醒。众官又苦苦求免。周瑜一跳多高，戟指黄盖：

“老家伙，看你敢小瞧我！给我记下五十棍，再敢怠慢，一并打，打死为止！”

然后，曹操接到一封密信，黄盖写来的，愿率众归降。粮草军仗，随船献纳。

曹操又想信又不敢信，犹豫又犹豫，还立起眼睛吓唬人，要把替黄盖送密信来的人给砍了。但是人家一分辩，他马上又相信起来。

就像现在有的人遇到了骗子：“我，秦始皇，打钱！”于是打钱。被骗了一次，又接着打钱、再打钱、继续打钱，就是渴望对方不是骗子。

曹操也渴望对方不是骗子。

所以他选择相信黄盖。

这天，东南风大作。曹操的军队驻扎北岸，风吹战旗，猎猎作响。曹操立马江边，眼望江面。

渐渐的，十艘蒙冲斗舰驶入视野。

曹营官兵，争先恐后，跑到江边和船头，一边指点，一边欢笑：“看，看！”

正看之间，十艘战船如箭驶近，堪堪到曹营近前，黄盖船头站立，大手一挥：“点火！”

事先装满船只的芦苇干柴，本来就已经浸透了油，火把往上一扔，风助火势，火长风威，风风火火，拉拉杂杂，烧将起来。这十只燃着的战船后面都系着小船，此时小船也都解开，黄盖早率众人乘小船和大船拉开距离。

大船直冲入曹营，火光四起，烈焰冲天，曹操的连排战舰一霎时烘烘地着起来，逃又逃不掉，解又解不开。

火焰一路席卷岸上营寨，曹营士兵、马匹，尽被卷入烈焰。一霎时北岸如同炼狱，烧着一只只回不了家的鬼。

有逃入水中的，又被溺死，沉沉浮浮，如一只只黑头发的葫芦。

周瑜早看着北岸动静，一见对岸战船着火，立马催动战鼓，咚！咚！咚！咚咚咚咚……震天动地。东吴战船飞一般杀将过来，铺天盖地，曹军一溃千里。

这场周瑜打黄盖的戏，一个愿打，一个愿挨，没毛病，老铁！

第九节　跑跑跑，笑笑笑

这场仗，幸亏东南风帮了大忙。论起来，好像是一个极其偶然的因素造成曹操大败。《三国演义》说是诸葛亮踏罡布斗，请得东风来。

诸葛亮真的有那么神吗？大约未必，不过是他学通了天文地理，预测到了这天会刮东南风而已。

曹操心胆俱裂，正想上岸，他穿红袍，目标显眼，被黄盖提刀催船来寻，一眼看见，催船夫："快快快！快快快！"

张辽一箭射得黄盖翻身落水，和人保着曹操登岸上马就逃。

此时孙、刘联军大部队冒烟突火，紧赶着猛揍曹军，曹军狼狈应敌。三江水战，赤壁鏖兵。

曹军着枪的、中箭的、火焚的、水溺的，不计其数。曹操的粮草也被孙权麾下的甘宁放了十几把大火，烧个罄尽。

曹操和张辽带着一百多骑兵，穿越火林，一路上，火舌扭曲，如同鬼影，烧燎得军士惨叫声上达天穹。

正埋头疾跑，背后被吕蒙催马赶上。张辽转身迎敌，曹操继续猛跑，结果前边又打出凌统的旗号。

胡同赶猪，两头堵，这可咋办。

曹操正焦急，正好徐晃带一队人马赶到，一场混战，救脱曹操。

曹操夺路再行，一队人马接应而来。曹操心里刚觉得安稳了一下，接应的将领却被甘宁手起刀落，一刀斩于马下。

曹操还指望再有合淝的兵马救应呢，却不想孙权早在合淝路口看见火光，知道是自家得胜，派陆逊和太史慈冲杀而至。

曹操没了指望，只好再逃。张郃赶来会合，他命令张郃断后，自己纵马加鞭，一气跑了一夜，直到五更天气，火光渐渐拉在身后，这才稍稍松了口气。

这时候，曹操晕头转向，已经跑到了乌林之西，宜都之北。此地树木丛杂，山川险峻。曹操忽然在马上哈哈大笑，把别人吓一跳：丞相疯了。

他说："我不笑别人，单笑周瑜无谋，诸葛亮少智。若是我用兵，预先在这里埋伏下一支军队，看敌人怎么办！"

一句话没说完，两边鼓声咚咚，如同雷震，一霎时火光冲天。曹操吃一大惊，差点坠下马来。一彪军马杀出，原来诸葛亮早派赵云等候多时。就问你惊不惊喜，意不意外？

唉，还得接着跑。

曹操留下徐晃、张郃双敌赵云，自己冒烟突火而去。

天色渐渐发亮，却又有黑云乌沉沉地压地而来。忽然之间，大雨倾盆。将士们衣甲尽湿，行动艰难，且一路奔逃，连口干粮都没带。曹操让人到附近村落里抢来粮食，找火种埋锅造饭。

此时李典、许褚保护着众谋士来到，曹操一看谋士们没事，可高兴了。

曹操怕追兵再至，下令继续行军。等走到葫芦口地面，曹军人困马乏，体力到了极限，有的活活累死，成了路倒尸。

曹操命令部队暂时休整，军士如逢大赦，赶紧找点干地方埋锅造饭，割马肉烧着吃。又脱了湿衣裳吹吹晾晾。马也摘了鞍子，野地散放，放它们自在吃点草根。

这个时候，曹操坐在树下，他又笑了！

手下众官吓得够呛："刚才您一笑把赵子龙给笑出来了，这回又怎么了？"

曹操："我笑诸葛亮、周瑜毕竟智谋不足。若是我用兵时，就这个去处，也埋伏一彪军马，以逸待劳；我等纵然脱得性命，也不免重伤。他们见不到这一步，所以我笑他们！"

他对于想要在智商上碾压诸葛亮和周瑜是有多大执念。

结果一语不了，前军后军一齐混乱大喊，曹操大惊，他也解了衣甲吹晾，也顾不上穿了，直接爬上马去。手下军士多有来不及收回马来的，早又见四下里火烟布合，山口一军摆开，原来是猛张飞！

张飞横刀立马，大叫一声："曹贼哪儿走！"

曹操手下一看是他，早吓破胆。只有虎痴许褚骑着连鞍子都没来得及配上的光板马来战张飞，张辽、徐晃也纵马夹攻，两边军马一番混战，曹操继续跑。

张飞在后边猛追，曹操在前边猛跑，及至跑远，再看众将，大伤小伤。

一路跑来，又是两条岔道，一条大，一条小。大道远，小道近，曹操选了小道——华容道。

因为大路没动静，小路有动静——这是什么道理？

曹操说，小路有烽烟，所以有兵马。大路没动静，所以没伏兵。但是，诸葛亮多谋，所以他故意来个反其道而行之，没动静的地方有伏兵，有烽烟的地方没伏兵。所以，我们走小道，就不中他的计！

小道难行，将士一口饭都没吃上，连烧带淹，连吓带饿，人困马乏，焦头烂额地拄着拐棍，中箭中枪的勉强跟上；衣甲湿透，个个带残，军容旗幡，哪里还有个模样可看？马都是光背马，被追兵赶得鞍辔都没来得及拿上，衣裳也丢了。隆冬严寒，光着膀子行军。

偏偏前路窄小，又下过雨，坑里积着水，泥陷马蹄，走不动。曹操下令，让军中老弱和受伤的将士在后边慢慢走，身体强者的担土，绑柴草捆，把道路垫平。立时行动，违令者斩！

众军下马，在路边砍竹伐木，填出一条路来。曹操心里恐慌，让张辽、许褚、徐晃等人带着骑兵巡视，有动作慢的就直接一刀砍了。

士兵实在饿乏至极，倒地不能起，曹操干脆喝令人马直接践踏着人的身体过去，碗口大的铁蹄踹在人身上，直踩得人肠穿肚烂，骨断筋折。口吐鲜血而死者，数不胜数。将死之人哭，活着的人也哭，悲哭之声直冲层云。

曹操大怒："生死有命，再哭立斩！"

到现在为止，他的人马，有三分之一被扔在后面，有三分之一给填了沟壑；只剩下三分之一还跟着他，盘点一下，只有三百多了。

曹操一路疾行，跑着跑着，又仰天长笑。众将又吓一哆嗦：

"丞相怎么又笑？"

曹操说："嗐，人们都说周瑜、诸葛亮足智多谋，我看就那样儿！他们要是在这里埋伏一哨人马，我们都得成了俘虏！"

话音未落，一声炮响，一彪军马两边排开，一员大将提马跨马，冲上前来，是关云长！

药丸！

不是吃枣药丸，是栗柿药丸！

第十节　一场游戏一场梦

曹操这下子真没脾气了。

想找回点面子都不成，你们是想把我往死里玩儿吗？

关羽，曹操思之不得的男人。

当初为挽住关羽的心，他上马金，下马银，待关羽如待情人，他却还是保着他的二嫂，过五关、斩六将，奔他的大哥刘备去了。

如今他挡住前路，怎么办？

曹操在马上欠身："将军，别来无恙？"

云长也欠身："丞相，我奉军师将令，等候多时了。"

曹操还想保住点颜面："将军，曹操兵败势危，走投无路，还望将军顾看往日情分一二。"

云长心里好矛盾："丞相，昔日关某蒙丞相厚待，可是也已经斩了颜良，报了大恩。今日之事，到底不能因私废公。"

曹操咬咬牙："将军，你过了我的五关，斩了我的六将，我放了你一条生路哇。"

看看曹操头面凌乱，疲惫不堪，他昔日待自己，也确实有情分；又看曹操身后，军士所剩无几，个个死到临头，眼泪在眼眶里打转。罢，关羽到底心中不忍，一勒马头，命令众军四散摆开。

曹操一见云长回马，是个空隙，和众将马蹄踏踏，猛冲过去。

关羽大喝一声，众军打个激灵，纷纷下马，哭拜于地。关羽更加不忍。此时又见张辽也在，念及旧情，长叹一声，背转了身。

曹操一看有门！上马就跑，一气跑出华容道。

这下子才算鱼翔深水，雁杳长天。

以上，大体是《三国演义》的情节。

那么，问题来了，华容道一事，关羽私放曹操是真的吗？

事实上，曹操从赤壁败退，走的确实是华容道，但并没有关羽。他在赤壁中了周瑜的火攻计，索性又一把火烧掉所剩战船，率军经华容向江陵一路败退。

其实，曹操就算败了，瘦死的骆驼比马大，孙权和刘备也不至于真的能把他干死。所以，他们只想让曹操不要渡过长江，却没有足够的兵力去追堵和设伏——你以为兵力是小说家随便一写就能变出来的吗？

所以，曹操一路败退，孙刘联军在后边一路追击，前边却并没有伏兵。

不过，华容道难行是真，曹操命羸兵割草垫路，最终羸兵被当作踏脚石，马踏而过，死亡无数，这是事实。曹操倒不是没感情，但是，当现状需要他舍弃感情的时候，他会毫不犹豫地变身成一个铁血杀人大魔王。

他的兵士的战力不是他用感情温养爱护出来的，是他用各种手段给吊上来的。

他逃命的时候也不是笑了三回，只笑了一回：

眼看大军要全部通过华容道的时候，曹操才哈哈大笑。众将还以为他得了失心疯，结果他说：

“刘备和我的才智不相上下，但他的计谋总要比我晚一步；如果他派快马早点到华容道放火，我们就要全军覆没。”

结果他话音未落，刘备的追兵已经在后边顺风点火了。

不过也晚了，曹操大军已经过了华容道，路遇曹仁带一队军马前来接应，把他接入江陵。

到这时候曹操一颗心才算放下。曹仁给曹操摆酒解闷，众谋士都在，吃着吃着，曹操忽然仰天大哭："哇哇哇！哇哇哇！"

眼泪鼻涕乱飞，可好看了。

谋士们觉得自家丞相受了刺激，真的疯了：逃命的时候哈哈笑，如今安全了哇哇哭。

曹操说："我哭郭奉孝！如果奉孝在，绝对不会让我有这么大的失败！"

一边就捶胸大哭："哀哉，奉孝！痛哉，奉孝！惜哉！奉孝！"

众谋士低下头，脸通红。

其实，与郭奉孝何干？与众谋士何干？

曹操于此一役之前，那是何等的胸襟和气度。张绣杀了他儿子，可是张绣来降他，他马上就给张绣加官晋爵；陈琳骂了他祖宗十八代，他却留陈琳在自己身边做官。

愈是逆境，愈是战战兢兢，如履薄冰，愈是容易成功。

愈是顺境，愈是骄矜自盛，老子天下第一，愈是容易失败。

谦受益，满招损。忧劳可以兴国，逸豫可以亡身。

曹操就是这阵子太顺了，搞得他有一个错觉，自己好像天狗能食月。如果郭嘉还活着，他说不定真的肯听郭嘉的意见，因为他待郭嘉和别人不同。但是，郭嘉虽然死了，别的谋士不是没给他提过意见，奈何他不听啊！

曹操一是哭郭嘉，二是哭自己基本上再无余力打一场这么大规模的战争。他心心念念要大一统，但是孙权才二十多岁，刘备也比自己小好多，自己已经五十多岁了。现在看来，大约是一场游戏一场梦。

第七章
入夜渐微凉

第一节　人艰不拆

赤壁之战，输了。

曹操留下曹仁、徐晃留守南郡，郡治江陵；文聘守江夏，自己回北方坐镇。

收拾收拾行李灰溜溜走人，还要给自己转转面子，写信给孙权：

“赤壁之役，值有疾病，孤烧船自退，横使周瑜虚获此名。”

语气有点讪讪，带着那么点儿不服气，那么点儿故作洒脱。

曹操的主力撤出荆州，荆州就成了一块大肥肉。

刘备推荐刘表的儿子刘琦为荆州刺史，以刘琦的名义先后拿下了武陵、长沙、桂阳和零陵四郡。不久刘琦病，他的部属推举刘备为荆州牧。

孙权怕刘备的势力日益增长，想出一条和亲计，把妹妹嫁给刘备。

曹操眼看这两家势力增长，长期合作，有俩打一的趋势，倒也不是没想过办法。

北归之后，他分别给孙权和刘备写信，想拆散他们的联盟，结果不成。

又派周瑜的老同学蒋干去游说周瑜，也没成功。

总之，这次赤壁之战，曹操连里带面，都丢了个精光。

输归输，事情还是要打起精神来办。

曹操继续造船，练水军，在合肥屯重兵，同时垦荒屯田，长期备战。

每一个英雄心里，都做着一个地主老财的梦：

住大房子，睡大炕，到处都是金银财宝，屋里藏着好多女人。

于是，邺城的铜雀台建成。

台临漳河，高十多丈，左有玉龙台，右有金凤台，上有双层桥相通，金碧辉煌。

之所以取名铜雀台，一说是在邺城地底，挖出一只铜雀。

一说铜雀的“雀”又作“爵”，有“爵位”“爵禄”的意思。金爵天子享用，银爵王侯享用，铜爵自然是又次一等。曹操借“铜爵”的因由，造这么一个铜雀台，一方面展示他的爵位；一方面嘛，我这辈子只要能保住我的铜爵就可以了，并不想要金爵银爵神马的，你们都想多了哟。

铜雀台落成，当晚，曹操在铜雀台上大宴群臣。武将们登台射艺，文臣们吟诗作赋。儿子曹植专门作一首《铜雀台赋》，曹操很高兴，封曹植平原侯：“你老子我过去做顿丘县令的时候，也不过刚刚二十来岁。至今想起当时所作所为，一点都不愧悔。你如今也已经长大成人，一定要像你老子我啊！”

可见曹植是很受宠的。

曹操心中第一宠爱的儿子是曹冲，小孩子在人间长到十来岁，头脑明慧，心肠柔善，如同天使。

曹冲称象不必说了，有一次，曹操的马鞍在仓库里被老鼠咬了，仓库管事员怕极了，打算自首。曹冲说别急，三天以后你再去，要不然你就是个死。

然后曹冲用刀割破自己的衣服，装得闷闷不乐。曹操问怎么了，曹冲说老鼠咬了衣服，人家说不吉利。曹操说傻孩子，这都是瞎说的，别信。

不久，库管来认罪，说老鼠咬了马鞍子。曹操笑了：“我儿子的衣服就在身边，尚且被咬，何况是挂在柱子上的马鞍呢？起来吧。”

库管长出一口气。

据说，他用智计救下的因犯小失而将遭诛的人，不下十个。

结果这孩子在赤壁鏖兵那一年一病而死。曹操痛哭流涕，对剩下的几个儿子口不择言："这对我是大不幸，对你们三个是大大的幸运！"

如今，眼前江河流水滔滔过，曹操眼睛眯得长长的，心思开始活动。

曹植之后，一干文臣争相献艺，登台朗诵。字里行间，都是曹大丞相的赫赫功勋。

曹操笑得七分骄傲，三分谦虚，回顾过往，感慨系之：

"想当初，我刚举孝廉，又没什么名气，生怕被人看扁，所以极力抓好地方事务，来为自己博一点美名。没想到时间不长，祸患临身，只得回乡耕读。

"没想到，朝廷任命我做了典军校尉。当时哪想那么多呀，就想着为国家讨贼立功。战死之后，墓碑上如能收写'汉故征西大将军曹侯之墓'，余愿已足。

"后来，孤讨董卓、剿黄巾、除袁术、破吕布、取袁绍、击刘表，直到如今身为丞相，人臣之极，已经是心满意足。若是国家没有我这么一个人，真不知道会有几人称帝，几人称王。"

众臣鸦雀无声。

悠悠一口长气吐出，曹操面色转而凝重：

"如今，总有人说我势力大，又不信天命，有称帝野心。我常读史书，前朝贤人如齐桓、晋文、乐毅、蒙恬等人，虽然都势力强大，却也都坚持君臣大义。每读至斯，不禁流泪。可惜肺腑之言，几人能懂。

"我不仅是对诸位来诉说这些，还常常将这些告诉妻妾，让他们都深知我的心意。我告诉他们说：

'我死后，你们都应当改嫁，然后把我的心愿传扬给别人，让人们都知道。'"

——这话说的，曹操是拿大小老婆们当网络水军来用了，替他刷帖子，黑转粉。

曹操继续说："既然有人质疑我的忠心，那么，我放弃军队，把军权还给朝廷，回我的封地行不行？

"不行。

"因为我弃了兵权就会遭人谋害。害了我，也就害了我的子孙；害了我，国家也有颠覆的危险。贪图虚名而让自己遭受实际的祸害，这么干的人是傻子。

"先前，朝廷恩封我的三个儿子为侯，我坚决推辞，现在却打算接受。这不是为了博虚名，这是为了让我的三个儿子来做外援，一是确保朝廷安全，一是确保我自己安全。

"天下尚不太平，我曹操还不能让贤。至于封地，倒可以退让一部分。这样吧，我把阳夏、柘、苦三县两万户的封地交还国家，只享受武平县一万户的租税，怎么样？

"希望那么骂我的人，能理解我；也希望我肩上的担子，能够减轻一些。"

这，就是曹操有名的《让县自明本志令》。

人艰不拆啊。

第二节　养狗捉老鼠

刘邦当了皇帝回故乡，特作一首《大风歌》，起首就是"大风起兮云飞扬"，一股霸气拂面吹来；第二句便是得意扬扬的"威加海内兮归故乡"。结果到了第三句，成了十分没出息的惆怅和向往：

"安得猛士兮守四方。"

堂堂一国之君，难道要他自己去守边境吗？边境边境，那是四个边的好吧，他一个人守得过来不？

还有那些内政、外交、经济、文化，哪不需要专门的人才来替他打理？

人才啊人才，最缺的是人才。

没有人比曹操更懂人才有多贵，所以他向来不吝于不拘一格选人才。

曹操一共下过三次求贤令。

第一次是在建安十五年（210）：

自古受命及中兴之君，曷尝不得贤人君子与之共治天下者乎？及其得贤也，曾不出闾巷，岂幸相遇哉？上之人不求之耳。今天下尚未定，此特求贤之急时也。“孟公绰为赵、魏老则优，不可以为滕、薛大夫。”若必廉士而后可用，则齐桓其何以霸世！今天下得无有被褐怀玉而钓于渭滨者乎？又得无盗嫂受金而未遇无知者乎？二三子其佐我明扬仄陋，唯才是举，吾得而用之。

曹操给定的调门是“唯才是举”。虽然历来人才讲究德才兼备，但是往往有才的人无德，有德的人无才，那怎么办？

曹操曰：有才就好。

反正这些有才的人，他也能驾驭得住。驾驭不住的，他也给咔嚓了，比如祢衡。

那些有德的人，他倒是真心尊敬的，奈何有人无德装有德。

建安十四年，就有人向他反映，如今朝廷风气十分不正：

有官员穿新衣、坐好车的，就说人家不清正；有那不修边幅，穿破衣裳的，就被夸作廉洁。结果搞得现在的官风成了故意把衣裳给揉得皱皱巴巴，污得脏兮兮，把车马鲜服藏起来，简直是扭曲。

曹操一眼就看透了本质：凡是过激诡诈的行为，都容易伪装。而对于故意装廉洁的孙子背地里干些啥，他都门儿清。

他就是诈门的祖宗。

所以，他不看重门面功夫，真本事才值钱。

建安十九年（214），曹操下达了第二道招贤令，更是赤裸裸的唯才是举：

“那有德行的贤士，未必就能建立功业，而能建立功业的人未必就有德行。陈平哪里诚实，苏秦又哪里守信了？然而陈平却奠定了汉朝的王业，苏秦援救弱小的燕国。以此来说，士有欠缺短处，怎么可以不用他呢！”

建安二十三年（217），曹操更是发布了《举贤勿拘品行令》：

古时候，伊挚、傅说都出身卑贱，管仲曾与齐桓公为敌，但都得到重用而使国家兴盛；

萧何、曹参都曾是县府的小官吏，韩信、陈平都曾背负名声受污、遭人耻笑之辱，但最终都能帮助帝王成就大业，名声著于千载。

吴起为了当上将领，杀了自己的妻子以取得信任，散发金银以求得官职，母亲死了也不回家归葬。但是他在魏国，秦国不敢向东用兵；在楚国，三晋（韩、赵、魏）不敢向南谋划。

现在天下怎么会没有具有极高道德的人生活在百姓中间呢？比如果断勇敢不顾一切，遇到敌人拼死作战的人；习性文俗，才能极高，而气质优异，可以当守将的人；尽管背负受污辱的名声，有过被人嘲笑的行为，或虽不仁不孝，但有治理国家和用兵打仗的本领的人。大家都要推荐自己所了解的人才，不要遗漏。

曹操胆子肥，敢冒天下之大不韪。

替曹操盘点一下，他如此的唯才是举，到底招纳了多少人才。

于禁，原来是济北相鲍信的人，后来投降曹操，辅助曹操过关斩将。

张辽，原来是吕布的人，后来投降曹操，立下汗马功劳。

张郃，原来是韩馥的人，后来投降袁绍，再后来投降曹操，南征北战。

徐晃，原来只是郡县小吏，后来投降曹操，委以重任，不辱使命。

还有李典、李通、文聘、臧霸……都是降将，都受重用。

曹操心眼儿多，却没有猜疑过这些降将。

因为他爱才的毛病，赤壁之战才上了黄盖的大当。后来又腆着脸去说降周瑜，碰了一鼻子灰。

无论怎样，这种唯才是举的大方向对了。曹操本身就是个放飞自我的人，所以他有这样的理念，不奇怪。

那个叫丁斐的，公权私用，用家里的瘦牛私换官家的壮牛，被人揭发下狱，曹操问他：

“文侯，你的印绶在哪里啊？”

他说：“换饼了。”

曹操大笑，回头对陪同的官员说：

“东曹掾毛玠数次向我投诉丁斐，想要让我对他重治罪。我有丁斐，就像人家有狗会偷一些主人家的东西，但却会捕捉老鼠，虽然有一些小损失，却保护好了我的粮仓。”

第三节　坐着小马扎给人射

赤壁之战后，曹操也看明白了，一时半会儿是吃不下孙权和刘备了。不过，西凉还没彻底收服呢。

西凉军阀韩遂和马腾原本是义兄弟，但是两个人后来不知道为啥翻了脸，互相打，曹操派人劝和。

建安十三年（208），马腾已经被曹操忽悠着，带着两个儿子马休、马铁进了邺城，只有另一个儿子马超留守凉州，统领马腾的部队，依旧屯兵于槐里。

西凉位于陕甘一带，地形险恶，疆域辽阔，而且韩遂和马超名义上也都领受着朝廷官位，怎么打？如果真出兵，就成窝里反了，影响不好。

曹操有办法，扬言要夺汉中，讨伐张鲁领导的农民军。

要夺汉中，必定要进兵凉州。如果马超和韩遂不阻止曹操兵马，他们就可能受"假途灭虢之灾"——曹操打着打张鲁的旗号，顺道就把他们灭了；如果阻止曹操兵马，曹操即大汉，他们敢反汉，揍死丫的。

就这么损色。

建安十六年（211）春，曹操命司隶校尉钟繇率大将夏侯渊等进兵凉州，声称进讨张鲁。

凉州割据各处的将领们都紧张了：马超、韩遂、侯选、程银、杨秋、李堪、张横、梁兴、成宜、马玩（合称"关中十将"）联合叛变，公推马超、韩遂为总头领，集结了十万军队，汉、羌、胡混杂，屯兵潼关。

弘农、冯翊多个县邑起兵响应，百姓们攀山越岭，从子午谷逃入汉中。

曹操的大军一步一步地逼近，越来越近。马超等人严阵以待。

就是打不起来。

曹操不让打。

五十六岁的曹操要亲自西征，别人都劝他别去了，再说你的头风病又犯了，他说："关中不平，我心不安。"

别人觉得他纯粹就是想自己上前线。

打仗打习惯的人，老不打仗，心里别扭，浑身不得劲。没办法，作下病了。

尤其是纵横捭阖、阳计阴谋、你来我往，种种智力、兵力上的较量，会让人觉得大脑没白长。

有人提醒他关西兵善使长矛，曹操胡子一大把，仰天笑哈哈：

"有我在，他们再善使长矛也没用，我有本事让他们使不出去。你们看着就行。"

一路风餐露宿，景色愈见空阔荒凉，曹操的头风似乎都好了。

这才是他熟悉的生涯。

曹操的军队抵达潼关，关中各路军阀当然就向潼关集中。曹操手下将领怕敌人越聚越多，打不动，建议速战速决。曹操不允。

一天多一点，一天多一点，凉州敌兵越聚越多，曹操越来越高兴。别人问他为什么，他说：

"凉州这么大地方，与其我一个个上门去掏他们的老窝，哪如他们一下子都聚过来让我一次性灭掉痛快。"

"可是，敌人太多了。"

"没事。老子打了这么多年仗，就没遇见这么好打的，咱们赢定了，哈。"

结果就成了这样：马超来阵前挑战，曹操不应。

马超天天来骂，曹操天天装耳朵聋。

他在前方装耳朵聋，背地里却早命徐晃、朱灵带兵从蒲坂津过黄河到西岸立军营。

闰八月，曹操突然带兵大规模地从潼关北渡黄河。士兵先坐船过去，他自己带虎贲武士一百多人留在南岸断后。

马超一发现曹兵渡河，赶紧带一万多人马来拦，曹操一边指挥大军渡河，一边自己也上了一只小船。

箭如雨下，河水太急，冲得小船靠不了对岸。船上水手全被射死，他还端端正正地坐在小马扎上不动。

马扎，那时候叫胡床。《后汉书》载：灵帝好胡服、胡帐、胡床、胡坐、胡饭、胡箜篌、胡笛、胡舞，京都贵戚皆竞为之。胡床又称“交床”“交椅”“绳床”，是一种可以折叠的轻便坐具，马扎，功能类似小板凳。只不过凳面不是木头的，是布的，可卷折，两边腿可合起来。

就是说，曹操在小船上，坐着他的小马扎，端端正正给人射。

典韦死后，许褚接班。和典韦一样，这也是个不要命的主。一看情势危急，许褚左手举马鞍罩住曹操，右手抡竹篙划船，校尉丁斐——就是用自家的老牛换公家的健牛的那个，见势不妙，把所有军需中的牛马统统赶出去，一时间牛吼马叫，四处乱逃。

马超的军士一见牛马，也不打仗了，都跑去乱抢。曹操这才保住一命，过了黄河。

过河一看，许褚身上不知什么时候已经中了数箭。

——曹操就不缺舍命保他的人，典韦去了，许褚来了。后来曹操死后，许褚伤心吐血，不久也死掉了。

曹操一靠岸，所有人都松一口气，有的人都给激动哭了。这事闹的，你玩什么潇洒派头呢。他这时候还旗枪不倒，乐呵呵地说：

“今天差点给那小贼害了我。”

第四节　疑云锅盖大

徐晃刚刚从蒲阪津渡过黄河，还没来得及立起营寨呢，当天夜里梁兴就带领五千多人来打他，被他打跑了。

其实，曹操此前已经和徐晃约好，曹操从潼关北渡时，徐晃才能从蒲阪津西渡黄河，否则，消息过早泄露，徐晃一定会遭到关中联军的攻击：

马超看到曹操北渡，当然就知道曹操是想从蒲阪津渡河进入关中，所以就派了梁兴带兵去抢占蒲阪津渡口西岸。

照理说，这五千人就能挡得住曹操渡河的，只是出乎马超的意料，徐晃已经抢先占了蒲阪津渡口西岸。

梁兴军长途急行，人困马乏，曹军以逸待劳，二者胜负立分。

梁兴兵败的消息飞越几百里路传回潼关，马超想再派大军重新夺回渡口，时间上已经来不及。

这是曹操的神机妙算。

他事后解释：

"贼兵占据潼关，如果我军进入河东，他们一定会守住黄河各渡口，我们就渡不到河西了。所以我故意重兵逼近潼关，贼兵全力来守南边，西河的防备就空虚下来，所以徐晃和朱灵二将才能轻易占领西河。

"此后，我再带大军北渡黄河，贼兵不敢和我们争夺西河，是因为有他们二将的军队震慑着。"

曹操西渡黄河后，粮草改由河东经蒲阪津渡口供应。曹操沿河连车竖栅为甬道向南推进。马超退屯渭口。

曹操把疑兵之计发挥到极致，用小股军队到处打游击，就是不正面交战。马超脑袋都挠秃了也不知道曹操想要干吗。

结果曹操却暗搓搓地把船从黄河驶入渭河，连夜用船搭起浮桥，分兵在渭水南岸扎营。

只是到处都是沙，营也不好扎。而且马超也反应了过来，带骑兵突击，搞得曹操想扎营都扎不成。

后来天气暴冷，曹操夜里渡兵，在南岸浇沙冻城，一夜之间，一座沙子冻就的城寨就竖立起来了。

关中联军夜袭攻营，曹操已早早埋好伏兵，打了他们个落花流水。

一个月后，曹操大军全数渡过渭水，进驻渭南的营地。直到现在，曹操才算是完成了全面发动进攻的准备工作。

马超等人耐不住，再三挑战，任凭你骂破天，曹操就是龟缩在壳里。

马超没脾气了：打又打不过，骂又骂不出来。你脸皮厚，你赢。

后来曹操约马超、韩遂会面，就带上了许褚一人。

马超有个浑名“锦马超”，长得又帅，又白，一身皮肉亮闪闪，如锦似缎。白袍银甲，勇力绝人。

他一见曹操身边无人，就想干脆把这老小子抓了算。幸而他多心问了一句：

“公的虎侯在吗？”

虎侯，就是许褚，因为他力大如虎，又有些天然呆，所以称为虎痴。马超尊称他一声“虎侯”，从此这个名字就传开了。

曹操回手一指，这边许褚一瞪，马超没敢动。

渐渐地，韩遂、马超等人支撑不住了。春三月时，他们在潼关集军十万，人要吃粮，马要吃草。凉州广大，运送粮草所占人力，使得关中各部都没有劳力种田。

▲ 曹操乘兴赋 诗

如今凛冬已至，全军都几乎断了炊烟。

没办法，关中联军只好割地求和，实在不行送子为质也是可以商量的呀。

曹操问计贾诩，贾诩的意思是假纳降，真离间。

曹操心领神会。

这天，曹操带众将出营，左右众星拱月，曹操匹马立在中央。

韩遂大部分士兵都不认识曹操，出阵来看。

曹操高声大叫：

“你们是不是都想看看我啊？我也就是个平常人儿，又没长着四只眼睛两张嘴，不过就是比别人多长几两脑子。”

韩遂的军士脸上浮现恐惧之色，原来大魔王长这样。

曹操派人请韩遂出面说话，韩遂出阵，发现曹操没有顶盔贯甲，身边也没有从人仪仗，他也就弃了衣甲，轻装匹马，出来和曹操对面站定。

曹操见他站得略远，又提马往前跳了两小步，马头相交，各自收了马辔，开始说起私房话儿来。

曹操说：

“唉呀，我和韩将军的父亲，一同举的孝廉，我曾经尊称他为叔。我和将军你也差不多一起做官，走上仕途，不知不觉也这么些年过去了。将军哪，你今年多大？”

韩遂回答：

“哎，一晃眼间，好多年过去了呀。我今年已经四十岁了。”

曹操长叹一声：

“过去我们在京师的时候，都青春年少，一掐一股水儿，如今都成老菜帮子啦，唉，老啦。什么时候才能天下太平，咱们一起喝酒欢乐呢！”

韩遂也随着他的话开始感叹起光阴易逝，岁月如梭。两个人也不晓得咋的，就开始阵前话起当年，说到高兴的地方，一起大笑；说到惆怅的地方，一起长叹。得聊了两个来钟头，方才各自拨马回归本寨。

马超听到信儿，赶紧过来问韩遂：

“叔，今天曹操和你在阵前说了些啥？”

韩遂还沉浸在怀旧的情绪里，随口答：

“嗐，没说啥，就说了些京师旧事，聊了聊过往前尘。”

马超疑惑了：“他都没跟你说说军务啥的？”

韩遂有点烦了：“曹操不说，我为什么要挑这个话头？”

马超心里的疑惑大得跟锅盖似的，也不说话，转身走了。

第五节　明公不好了

又过了几天，在贾诩的建议下，曹操给韩遂写了一封信，信上涂涂改改的，也不誊抄，就直接给韩遂送去了。

马超听说韩遂收到曹操的信，又来问：“叔，曹操给你的信写了些啥？”

韩遂也纳闷：“没写啥有用的。”

“我看看成不？”

韩遂随手就给了他：“那咋不成呢，随便看。”

马超一边看着眉头就皱起来了：“曹操这信怎么瞎涂乱画的？原信送来就是这样？”

“嗯哪。”

“曹操是那种会把草稿送人的人吗？”

“这我哪知道，说不定他送错了，这就是他的草稿呢？”

“我不信！”马超把信一撂，转身又走了。

心里的疑云跟好几十个锅盖拼起来似的：什么鬼。什么曹操写来的信就是涂画过的，曹操一定跟他密谈了啥，他怕我看见，自己取笔涂画的！他都这样了，我还怎么跟他合作？

韩遂一见马超如此，也不高兴了：我跟你爹是义兄弟啊小子，你居然不信我。

这一手，曹操本色出演，玩得毒辣。

曹操估计两人已经离心离德，于是下了战书，大打一场。

这天，曹操先用轻装部队突击，厮杀许久，再突然投入主力部队，排山倒海而来。马超和韩遂抵挡不住，带着各自人马逃奔凉州。至于其他几个将领也是死的死，逃的逃。关中联军溃灭，曹操的渭南之战大胜。

次年，也就是建安十七年（212），马超的父亲马腾和马超的两个弟兄被曹操一起杀掉，韩遂有子孙在京师，也全部诛杀。

韩遂逃回凉州后，不久被部下杀掉。

马超退到陇上，被凉州刺史的部将赶出，无处可逃，投奔汉中张鲁，然后又从张鲁那里投奔刘备去了。

凉州军阀割据的局面结束，直接纳入中央的管控范围。

这场渭南之战，曹操好好地当了一把心机男，让人充分领教了什么叫“兵者诡道”。原来打仗真的不是只凭勇力就能取胜的，也不是说谁的地盘大谁就能说了算。

曹操被赤壁之战崩碎一地的信心，又拾回来了。

曹操膨胀了。

所以，当尚书董昭巴结他，建议他晋“公爵”，加“九锡”的时候，他可高兴了。

九锡（通“赐”）是中国古代皇帝赐给诸侯、大臣有殊勋者的九种礼器，是最高礼遇的表示。这里面的政治含义太明确了，除了自己当皇帝或者儿子当皇帝，政治上再没什么上升空间了。

众文武一看曹操高兴，那还不是一声地赞同和颂扬，一股劲地请求他立时加九锡。你不加就是不顺应天时！你不加就是不顺应民意！你不加就是不照顾我们的心情！你是瞧不起我们，说！你加是不加！

这时候，曹操只是稍微推拒一下，然后满面无奈地："好好好，我推不过你们，惹不起你们，加加加！"

事儿就成了。

结果有一个人，面对如油泼沸汤的热烈场面，沉静如水，不动如山。

眼看曹操的"加加加"的话要出口了，他说了话：

"明公，我认为不妥。"

一句话，整个酒席宴上，鸦雀无声。曹操睁大了眼睛。

"原来是你啊，文若。"

曹操的声音仿若叹息，含着一丝失望。

是的，荀彧荀文若，曹操的张良张子房。曹操自己说，他是"吾之子房"。

荀彧，字文若，早年就被称为"王佐之才"，乱世中避难冀州，被袁绍待为上宾。其后投奔曹操，官至侍中，守尚书令，封万岁亭侯。电视剧里，他被众人口口声声尊称"荀令君"，因为他任尚书令，居于中枢，处理军国大事。

他有这样的尊位，他也配得这样的尊重。战略上，他为曹操规划制定了统一北方的蓝图和军事路线；战术上，面对吕布叛乱而保全兖州三城，出奇谋扼袁绍于官渡，又出险招奇袭荆州；政治上，他举荐贤能，为曹操扩充人才方阵：钟繇、荀攸、陈群、杜袭、戏志才、郭嘉等都是他举荐的——司马懿也蒙他举荐。

他不怕别人抢了他的位置，别人也抢不去。他也不怕别人抢了他的风头，别人也抢不去。

抢得去也没关系，反正他觉得一切只为明公好，明公好就是真的好。

现在，明公不好了。

鸦雀无声中，荀彧的声音不疾不徐：

“明公，您是秉大义而起兵救危难，东征西讨，无片时安宁。这一切，上至君王，下至臣民，我们大家，有目共睹。众人都道明公是一心一意，安邦定国，忠诚谦退。若加九锡，我怕明公所做一切，都蒙上不公不正的阴影；我怕朝野民望，倒戈相向。明公，我敬您一杯酒，请您不要加九锡。”

没人说话。空气的每一个分子都死掉了，没有一丝波动。

曹操借着酒意，死盯着荀彧，良久，伸手举杯：“干。”

荀彧仰脖，一饮而尽。

第六节　空饭盒

建安十七年（212）十月，曹操继续东征孙权。

荀彧照旧替他守在大本营。

走在路上，他越想越不对味，心里害怕。

荀彧深孚人望，在朝中一呼百应。万一他带人抄了自己的老窝怎么办？

曹操上书献帝，要求荀彧到前线劳军。荀彧到了大营，曹操不放他回去，让他参丞相军事。

曹军推进到寿春，荀彧称病，曹操只得把他留下养病。

荀彧是个心重的君子，左思右想，思虑致疾。这天，正躺在床上休养，曹操派人给他送来一个食盒。

荀彧打开一看：空的。

他悲叹一声："终无汉禄可食"，服毒自尽。死时年不满五十。

路线之争，生死较量，没得商量。

董卓作乱，朝堂之上，赞拜不名，入朝不趋，剑履上殿。荀彧弃官不从。

跟随曹操，是认定曹操能匡扶汉室，所以他甘心替他筹划一切，替他运粮、征兵，做背后默默支持他的男人。

曹操如今也朝堂之上，赞拜不名，入朝不趋，剑履上殿了。他也不想再从，但是他已经不能再弃官独善其身。

这个男人在岁月的深处步步踏莲，遥归沉寂，留给世人的，是一个清洁、高尚、沉默的背影。

他的死，令司马懿心中惊动。多年之后，司马懿已经遍览风云，仍旧禁不住想起这个人：

"书传远事，吾自耳目所从闻见，逮百数十年间，贤才未有及荀令君者也。"

荀彧自杀的消息传来，曹操怔了半晌，下令厚葬，追封敬侯。

曹操老了，他觉得自己也有资格骄傲一下了，所以，别人说的话如果不顺他的心意，他觉得也可以不用听了。所以，他一道道地发布《求言令》也好，《求贤令》也罢，一窝蜂地向他进言的人，反而少了。

大家都知道他以前是真爱听这些的，如今只是看起来爱听罢了。难道真的让他再给自己送一个空饭盒吗？

建安十八年（213）正月，曹操大军挺进濡须，在濡须口击破孙权的江西大营，排兵布阵。

结果当头一望，对面战船上就坐着孙权，张着青罗伞盖，两边文臣武将侍立，身旁战船依次摆开，阵形严整，兵器亮晶晶。

曹操就感慨了：

“我要生个儿子，就要生孙权这样的！像刘表刘景升的儿子，那就是猪狗。”

这话他也说得着，孙权比他年轻着不老少呢。他都胡子发白，一大把年纪了，孙权才三十岁。碧眼紫髯，异国风情的帅。

僵持一月有余，双方互有发兵试探，没有大规模的战役发生。

曹操接到孙权写的一封信：

“我和你，我们都是汉家臣子。你不想着报国安民，老是动不动就想打仗，打仗哪有不死人的？你这样残害生灵，圣人他老人家知道不？马上春水化冻，劝你早早滚蛋，否则，别说我没提醒你，再像赤壁那样烧你一回。”

信背后又写了两行字：“足下不死，孤不得安。”

这句话莫名搔中曹操痒点，他哈哈大笑，撤兵回朝。

至于刘备，趁着曹操和孙权大眼瞪小眼，乘机攻取益州，取代刘璋，做了益州牧；关羽镇守荆州四郡。这样一来，蜀中尽归刘备。

说起来，这其中关窍，在于一个叫张松的人。

这人是刘璋的部下，任益州别驾，长得又丑，又没有节操，却很有才干。照理说，很符合曹操的脾胃。

他在刘璋手下，一直觉得自己明珠投暗。赤壁之战前夕，奉命出使曹操，没想到曹操是个颜控，嫌他丑，爱搭不理的。

张松生气了，又去见刘备。刘备待他好像冬天里的一把火，熊熊火光温暖了我。张松回去后，力劝刘璋结交刘备，然后他和好友法正密谋，出卖刘璋，把益州献给刘备，劝刘璋迎刘备入蜀。

刘备一来就不肯走了。

荀彧死了，这年五月，汉献帝将冀州的十个郡划为曹操的采邑，擢升曹操为魏公，职务上仍旧担任丞相，兼冀州牧，加“九锡”。

——到底加上了啊。

赏赐他大辂、戎辂各一辆，黑色雄马八匹，龙袍龙帽，附带红色木屐，诸侯专用音乐，跟六佾舞（佾舞，一种方阵舞，纵横人数相等。纵八人横八人，共六十四人，称“八佾舞”，天子专用）；朱红色大门，从斜坡台阶登堂，带甲卫士三百余人，象征权威的大刀巨斧各一把，红色弓一把，红色箭一百支，黑色弓十把，黑色箭一千支，美酒一坛，附舀酒用的白玉杓瓢。

曹操建他家大魏的社稷宗庙，又置尚书、侍中、六卿等，将魏国变为汉朝的国中国，实际意义上的最高权力中心。

又把自己的三个女儿曹宪、曹节、曹华，同时献给献帝刘协。

第七节　世界那么大，我想嚣张一下下

建安十九年（214），荀攸死了。

荀攸被称为曹操的“谋主”，生前设奇策十二，只有钟繇知道，钟繇还没整理好就去世了。

曹操评价荀彧和荀攸这对叔侄：

“荀彧推荐善良的人，不获任用，就不停止；荀攸排除邪恶的人，不看到免职，永不罢休。两位荀尚书对人的评价，时间越久，越证明它的正确，使我终生不忘。”

如今叔侄都死了。郭嘉死得更早。曹操身边几乎无人。

司马懿倒是在，可是他如今缩成个球，不敢奓刺。而且就算用计，也是给曹丕用。他是曹丕的班底。

晚年曹操，身边到处是人，却又好像无人可用。

好在他也不大稀罕谁来真的对他提什么大建议、大道理了。

世界那么大，我想嚣张一下下。

他已经是一人之下，万人之上，他想嚣张别人可以，谁又敢嚣张他？

连汉献帝都不敢啊。

自从迁都许都，汉献帝就是一个皮影儿，背后是曹操给他支着棍儿，让他东就东，让他西就西，让他开口他才能开口，开口唱的是曹操让他唱的曲儿。

刘协一肚子苦口倒不出来。四下里撒目，前前后后、左左右右、端茶递水、持戈守卫，全都是曹操的人。有人向他陈述时策，不向曹操陈述时策，曹操就把这个人杀掉。有人心向献帝，曹操就把这个人杀掉。

杀来杀去，就把汉献帝这把龙椅杀成孤岛。

这天，曹操带剑入宫，汉献帝和伏皇后正在一起坐着。伏皇后见曹操来了，慌忙起身。皇帝见曹操来了，浑身发抖。

曹操昂然而立，问：

“孙权、刘备各霸一方，不尊朝廷，该拿他们怎么办？”

皇帝说：“一切，都，都听魏公的。”

曹操看见皇帝这个死样子就怒从心头起：

“陛下你这么说话，外人听了，还以为我欺负你呢。”

皇帝心里说：你欺负没欺负我，你心里没点数吗？天天被你拿捏在手里搓圆捏扁的！暗地里捏捏拳头，给自己鼓鼓劲，说：

“魏公你要是肯辅佐我，那是我的福分；你要是不想辅佐我，那你就放过我呗。”

曹操被噎得说不上来话，瞪了皇帝两眼，气狠狠地出去了。

曹操也气得够呛：要不是我，你还不定在哪儿剜野菜吃呢！要不是我，你还不定被哪路诸侯给抢走，吃不饱穿不暖呢！我还把我仨闺女都给了你，你还想咋地，做人咋不知足呢！

一边想着，曹操心里又一痛：荀令公哪，你看看你命都不要了，保的是个什么玩意儿啊。

反正这两个人，我觉得我奉献了，他觉得他吃亏了。这君臣之间，扯也扯不清了。

皇帝和伏皇后心惊胆战，看这架势，魏公不一定哪天就要谋朝篡位了，你我还有活路吗？

关键时刻，伏皇后挺身而出：

“我给我爹写封密信，让我爹杀了他。”

皇帝吓得连连摆手：

“可不敢了！可不敢了！当初董承做事不机密，遭了大祸，如今再泄露了，我和你就不能活了。”

伏皇后说：

“天天这样如坐针毡，走到哪里都有人监视，一天、一个时辰都不曾畅快过。像这样做人，还不如早点死了！”

于是伏皇后写信，交托给一个信得过的太监穆顺。穆顺把密信藏在头发里，送到了伏完的府上。

伏完也可怜他的女儿，写密信一封，交给穆顺，穆顺依样把密信藏在发髻里，又回宫中。

曹操早早得了信儿，就在宫门口守着。

穆顺一回来，曹操就下令搜他，结果都要把他扒光了，也没搜出来什么。

曹操放行，穆顺抹把冷汗，腿上想赶紧走，心里又想着不能慌。结果一阵风来，把穆顺的帽子吹落了。

曹操心下一动，又把他叫回来，拿起帽子，前前后后、左左右右细看一遍，也看不出什么来，把帽子又还给他。

穆顺心虚，把帽子都戴反了，抬腿又要走，曹操一下子觉得悟到了点儿啥：

“左右，给我搜他头发！”

完了。

曹操搜出密信，一看原来是伏皇后的老爹要勾结刘备和孙权为外应，一举灭曹。曹操心里又冤又怒：

我没想杀你，你怎么老是想杀我！

真想叫人来，直接把皇帝灭了算了！

想了又想，铁拳攥了又攥，罢了，皇帝死不得。

——到底他做了汉家臣子几十年，和汉家朝廷血脉相依，荣辱相连。不光他对这个腐朽的旧政权有感情，而且，普天下人都对这腐朽的旧政权有感情。所以，一方面，对这个旧政权的代言人他不忍杀；另一方面，他也不敢杀。

若是一杀，天下俱反，他曹操有胆子东征西讨，但是，到底惹不起全天下。

不过，杀不了这个愚蠢胆小的皇帝，难道我还杀不了别人吗？

第八节　还有谁

穆顺浑身满被酷刑，问由谁主使，穆顺咬紧牙关。曹操夜来点兵三千，围住伏完宅邸，不分老幼，尽皆拿下；又从伏宅搜出伏皇后亲笔书信，伏氏三族，尽皆下狱。

这边伏皇后左等穆顺不回，右等穆顺不回，周围上下，问谁都不知道。宫外之事，瞒得铁桶也似。刘协和伏皇后就像坐在井里。

好容易盼到天明，没有把穆顺盼来，却盼来了御史大夫郗虑持节策诏，奉魏公命，要收缴皇后玺绶。

刘协知道事儿又办砸了，这下子又要死人了，心胆都吓碎了。

曹操派尚书令华歆做郗虑的副手，带兵进宫收拿皇后。皇后吓得把门关起来，又藏到夹壁墙里去，索索地抖，魂飞魄散，面青唇白。

华歆在宫里找不到人，命令带甲士兵破壁搜寻，叮叮哐哐一顿乱砸，宁谧的皇后宫中烟尘四起，有女子的声音像猫叫一样传出来。

华歆往破壁里一张，伏皇后满面灰土，拳头堵着嘴，惊恐呜咽。他一把揪住伏皇后头发，把她硬拖了出来，皇后求他："饶我一命吧。"华歆呵斥一声："你自己去见魏公求情去！"

皇后光着脚，披头散发，被甲士推拥而出，见皇帝和御史大夫郗虑坐在外面，一把拉住皇帝的手：

"不能救救我吗？"

献帝落泪："我都不知道我自己能活到什么时候啊。"

回头冲着郗虑绝望地叫："郗公，天下有这样的事吗？"

事实上，董承的女儿为贵人，曹操杀了董承后，又要求杀董贵人。献帝认为董贵人怀孕在身，连连请予免诛，曹操就是不肯，董贵人到底死了。伏皇后兔死狐悲，心怀恐惧，于是给她父亲写信，讲曹操残酷逼迫的凶相，要她父亲秘密图谋，想办法铲除曹操。可是伏完不敢动手。

信是早就写好了的，只不过伏完不回应罢了。

建安十四年（210），伏完去世。几年后，秘密泄露。曹操追查大怒，逼着献帝废去伏皇后，还替皇帝作了一道策书：

"皇后伏寿，由卑贱而得入宫，以至登上皇后尊位，自处显位，到现在二十四年。既没有文王母、武王母那样的徽音之美，而又缺乏谨慎修身养怡之福，却阴险地怀抱妒害，包藏祸心，不可以承奉天命，祀奉祖宗。

现在派御史大夫郗虑持符节策书诏令，把皇后玺绶缴上来，退去中宫，迁往其他馆舍，唉！可悲伤啊！伏寿咎由自取，未受审讯，幸甚幸甚！”

于是，曹操派华歆去把伏后捉来，下于掖庭暴室，幽禁去世；所生的两位皇子亦以毒酒毒杀，伏氏宗族有百多人亦被处死，伏寿母亲等十九人都被流放到涿郡。

这个华歆，唉。

管宁和华歆原本是好友。刚开始，两人一起在园中锄菜，看到地上有片金子，管宁挥锄依旧，视黄金如瓦石。华歆却捡起来，瞥见管宁的脸色，又扔了金子离开。

俩人还曾坐在一张席上读书，有人乘华车经过门前，管宁像往常一样读书，华歆却丢下书出去看。管宁就把席子割开，说：“你不再是我的朋友了。”

有一次，华歆与郑泰等同僚人从小路步行出武关（今陕西商南县），在路上遇到一个老人独行，想要和他们一起避难。

所有人都同情老人并同意让他随行，只有华歆说：“不行，现在正是危险之中。无故接受一个外人，又不知他品行如何，现在接受了他，将来如果发生什么事情，能中途抛弃他吗？”但大家都不忍心拒绝老人，于是就带他同行，走到半路上，这位老人掉到了井中，众人都想抛弃他不管，只有华歆说：“既然当初接受了他，现在抛弃他不管是不仁义的。”于是，大家共同救出老人。对这件事，大家都称赞华歆的仁德。

有一次，华歆和王朗一起坐船逃难，有一个人想搭他们的船一起避难，华歆立刻表示为难。王朗说：“幸好船还宽敞，怎么不行呢？”

后来贼兵追上来了，王朗想要丢下搭船的人。华歆说：“最初我对带不带他表示犹豫，正是考虑到这个情况。既然已经接受了他的请求，怎么能够因为情况紧迫就把人家抛弃了呢？”

于是继续带着那人一起逃跑，世人便根据这件事来评定华歆王朗的品行优劣。

所以，历史这种事情，真确定不了谁黑谁白。各活各的，管别人筋疼。

建安二十年（215）正月，宫门血案不久，曹操的女儿曹节被立为皇后。

就问：还有谁？

这下子宫里不会有人再张罗着害自己了吧？曹操的心里松了一口气。

谁老是背后被琢磨着，被用箭指着，都会脊梁骨发凉，睡不着吃不香的。曹操的头风，不就是精神过度紧张得来的吗？

第八章
繁华早已成霜

第一节　汉朝快塌了

当初，曹操平定关中后，本来想进一步攻打汉中的张鲁，但是在河北腹地发生农民起义，曹操马上把关中大军抽回河北，结果等他带兵来到邺城，农民起义已经平定。到此时再发兵汉中，就有后顾之忧——孙权对自己虎视眈眈。

这就是为什么曹操在打完关中后，跑到长江岸边和孙权大眼瞪小眼儿的原因：

我的兵马四十万，你想要起兵打我，且得掂量掂量。

震住孙权后，曹操才开始专心经营自己的地盘。

到此时，平定汉中，就又提上日程。

这年三月，曹操亲率大军，去打汉中。

汉中位于陕西南部，是关中和川蜀之间的战略缓冲地带，位置极其重要。

曹军抵达阳平关，张鲁想要投降曹操。但张鲁弟弟张卫不听，率人马数万坚守阳平关。

张卫沿山筑城，长达十里。

张鲁这边有投降曹操的人，说张鲁不难打，阳平关下，南北两山，相距很远，防守不会密不透风。曹操信了，结果兵临关下，却根本不是那么回事。曹操长叹一声：

“别人的话，不能全信啊。”

曹操下令进攻，士卒伤亡者众，粮草也供应不上。曹操一时之间，想着班师算了。

照理说，他不该是这么容易打退堂鼓的人。事实上，他这次和孙权对峙的时候，就没有什么实质性的举动，孙权一封信，他哈哈一笑，就退兵了。

远不及当初坐着小马扎在船上的威风，也不及赤壁之战中被撵得像野鸡似的乱跑，还哈哈大笑的乐观。

好像转眼之间，这个钢铁一样的巨人就有点崩。

不过两三年的时间，精神就颓了。

说起来，曹操真的是不容易。小时候作妖就算了，大了也把偌大的世界搅得一片浑。他有这个本事和能量，自从陈留起兵，将近三十年，没有一年不打仗。死了多少人，被人打得灰头土脸，比这个艰险的战役多的是，小命悬于顷刻的时候也多的是，却从来没见他这样沮丧过。

以他的脾气，败了也要咬你一嘴肉，这次竟然想要无功而返。

他也是人，是人都会累的。

更何况皇帝不待见他，皇后想要干掉他，全国上下表面尊他是丞相，是魏王，背地不知道有多少人诛他的心。

他都想撤兵了，老天爷又给他开了一个玩笑。

大将军夏侯惇、将军许褚，下令叫那些已攀登上山的部队撤退，没想到前锋部队竟然在夜里迷路。这一迷路不得了，居然闯进张卫的另一个大营。

一时之间，阖营大惊，崩溃散乱。这可真是，摔趴趴捡个金元宝，曹操立即下令进攻，张卫大营一举击溃。

张鲁一听，算了，降吧。臣下劝他不要这种时候去投降，不会受重视的。不如去做一个象征性的抵抗，然后再称臣，这样才能得曹公重用。

张鲁于是带兵去往巴中。曹操也知道了张鲁的意思，就派人去慰问，于是张鲁带全家来谒，曹操任命他为镇南将军，封阆中侯，食邑一万户。曹操又把他和家属带回邺城——又有了人质了。

而且还封张鲁的五个儿子及劝张鲁投降的人为列侯，替自己的儿子曹宇娶张鲁女儿为妻。

恩威并施之道，曹操玩得溜溜的。这下，汉中就成了曹操的了。

这时候，司马懿已经做到了丞相主簿的位置，在曹操手下一直低眉顺眼，少说话，多做事。不过此时，他倒是给曹操献了一计，趁着刘备新取蜀地，民心不稳，建议曹操趁势大兵压境，一举打败刘备，把蜀地夺回来。

谋士刘晔附议。

曹操沉默了半天，也不知道他在想什么。

举目四望，他想向自己倚重的人问计，可是一个都不在了。

郭嘉不在了，荀家叔侄也不在了。

他有些无所适从。

良久，长叹一口气："人心苦不足，既得陇，何必再望蜀？"

班师而回。

建安二十一年（216）五月，曹操晋封"魏王"。

他离某个不可说的目的，越来越近了。

在他孜孜以求追求权力的过程中，心也越来越变了。

他是汉家臣子，当记得当初，高祖刘邦消灭韩信、卢绾等异姓王后，和大臣们刑白马而誓："非刘氏而王，天下共击之。"

也就是说，封王的对象必须是刘家子孙。曹操破了例，也等于是给刘氏的汉家王朝摇摇欲坠的破碎墙体上"哐"地踹了一脚。

汉朝马上、马上，就彻底塌了。

第二节　一步之遥

一直在汉家王朝里庞大阴影里活了许多年的大臣们，不止曹操一个。曹操是差不多挣脱出来了——他也没有彻底挣脱，但是，还有很多人是愿意忠于汉朝的。他们世受汉恩，又是受的儒学君君、臣臣、父父、子子的正统教育，你让他们对着汉家朝廷的尊严脚踢手踹，说实话，他们做不到。

人都活在自己的是非原则标准里面，脱离了自己的是非原则标准，是个人都会生不如死，不信你就试试。

曹操深知人性，所以对于自己这一步，始终提着高度的警惕，在他的想象中，他提刀独立荒原，周围都是饿狼，眼睛里冒着绿光。

第一个吃螃蟹的人，他也害怕啊。万一被螃蟹毒死了怎么办。

恐惧外化为猜疑和愤怒，他想杀人立威。

于是，崔琰就倒了楣。

崔琰，冀州第一名士，人长得帅，个子高高的，眉目疏朗朗的，声音又好听，胡须又长，特别有威严。

人长得正，心也特别正，甚得曹操敬重。

——没错，曹操不是好人，但他是颜控，对于长得好看的好人，他可待见了。

崔琰的侄女嫁给了曹植，从某种程度上讲，他和曹操也算拐了一个小弯的亲家。但是，他并不因为这个，就主张立曹植为王太子。他恪守“嫡长子制”，并不愿意为了侄女就要谋个私。

有一个叫杨训的，是他举荐封官的。曹操被封魏王后，杨训写了一篇文章，猛拍了一顿马屁。结果大家瞧不起杨训的同时，也把崔琰给鄙视了：

“你这是推荐的什么玩意儿啊！”

崔琰就向杨训要了奏章的草稿看，然后给杨训写了一封信，信上有一句话：

“省表，事佳耳！时乎时乎，会当有变时。”(《三国志·崔琰传》)

这个话，就看怎么理解了。

理解一：曹操迥非常人，虽然现在做的事情看起来悖越常理，但是，假以时日，人们对他的看法会改变的，也会理解他的。

理解二：你给魏王呈递颂德表章，这是好事。不过你要当心，天有不测风云，不定什么时候就会变天了！

就有小人向曹操检举：“崔琰怨恨您哪，说说不定什么时候您头上的天就变了！”

曹操好像更年期到了一样，开始瞎猜八想：

世人如果生个孩子是女儿，当朋友询问生了什么，都会说“生女耳”，生了个女儿罢了。可见这个“耳”字绝不是表示什么赞成的意思。崔琰居然说什么“事佳耳”，嗯，“会当有变时”确实是诅咒我的意思！

于是将崔琰处以髡刑——给崔琰剃光头了。

身体发肤，受之父母，不敢毁伤，所以才会有这样的刑罚。不疼，但是受侮辱得很。

小人恨他不死，继续落井下石。

崔琰顶着光头被勒令在家反省，小人就打小报告，说他见宾客的时候，胡须扎撒着，好像很生气的模样。

曹操一听，下了一道《赐死崔琰令》：

“琰虽见刑，而通宾客，门若市人，对宾客虬须直视，若有所瞋。”

下了大狱，又逼他狱中自杀。一代名士，就此玉殒。

崔琰的好友毛玠，因为崔琰受害，心情哀郁。又有人告发了他：

“毛玠出门看见脸上刺字的犯人，那人的妻子儿女被籍没为官家奴婢，就说：‘使老天不下雨的原因大概就是这个吧。’”

曹操大怒，把毛玠也抓起来投进监狱。

桓阶、和洽拼命进谏营救，希望曹操能够核实情况，让毛玠与告发他的人对质，死也让毛玠死个明白。曹操不许。

后来毛玠被免刑、废黜，死在家中。

崔琰的侄女，嫁给曹植的崔氏，则因为有一次穿着华丽一点的衣服走过，被公公曹操在高台上远远看见，立即下令赐死。

至于曹丕，虽然崔琰是他的老师，但是他自始至终，未发一言。

哪怕崔琰公开向曹操上表，要求立子以长，并且大赞曹丕仁德孝顺，有谋略，能继大统。并且慷慨激昂地表示，“琰以死守之”，他要用自己的生命去守护曹丕。

君子太方。

曹操变了。

他以前不是这样的。

但是谁又能不变呢，更何况他本来也不是什么好人。

建安二十二年（217）四月，汉献帝下诏，命魏王曹操设置天子旌旗，出入戒严，行人避让，黄土垫道，净水泼街。

十月，命魏王曹操官帽中佩挂十二个旒穗，乘黄金装饰的车辆，驾马六匹，以及五种颜色的五辆副车。

一步之遥。

真真正正的一步之遥。

第三节 汝彼母之寻亡乎！

曹操封了魏王，让谁来当王太子？

长子曹昂勇猛顽强，曹操甚喜，可惜早早死在战场上。

三子曹彰粗猛豪壮，曹操甚喜，因为他长着一脸黄胡子，昵称他为“黄须儿”。可是他只愿做将军，“披坚甲，握利器，面临危难不顾自己，身先士卒，有功必赏，有罪必罚”。

四子曹植，才高八斗，曹操对他有天然的偏爱。

幼子曹冲，聪颖过人，如果他活着，也许曹操宁可冒天下之大不韪，也要废长立幼，让他当太子。所以曹冲死后，他才会难过狠了，对曹丕等儿子说：“他的死，对我是悲剧，对你们是喜剧！”

曹丕是他次子，论勇武比不上曹彰，论才情比不上曹植，论聪颖比不上曹冲。曹丕是哪样都占一点，但是哪样都不出众。像个不偏科的好学生。

目前，就是曹丕和曹植相争。

曹操给曹植封了侯，还在公元214年南征孙权时，命曹植留守邺城——世子留守，这是变相地给了曹植世子的权力和待遇。

曹丕好紧张。

他们都有智囊团。曹植的智囊核心是三个人：杨修和丁仪、丁廙两兄弟。

丁仪是个“独眼龙”的名士。曹操原本想把女儿许配给他，但是曹丕嫌弃他有眼疾，这门亲事没成，他对曹丕怀恨在心。

杨修是名门之后，他的高祖爷爷杨震、太爷爷、爷爷和父亲杨彪，四辈人都是太尉，袁术是他舅舅。

杨修自己文采出众、聪明绝顶。

《世说新语》载，曹操、杨修一起路过孝女曹娥墓。有人给曹娥写了碑文，碑后有蔡邕写的八个字："黄绢幼妇，外孙齑臼。"

曹操还在猜是什么意思，杨修却说自己已经知道了。曹操说先别说，让我自己想。

于是曹操在马上想了好几里地，才想明白谜底：

"黄绢"，是有颜色的丝绸，即"绝"字；"幼妇"就是少女，合起来是个"妙"；"外孙"自然是女儿的儿子，正是个"好"字；"齑臼"是捣烂姜蒜的容器，即"受辛之器"，"受"旁加"辛"就是"辞"的异体字。合起来就是"绝妙好辞"的意思。

曹操问杨修，果然答案一样。曹操说我差杨修之才三十里。

聪明就算了，但是他不知道把聪明藏起来。

曹操曾经造一所花园，造成后去看，也不说好坏，拿笔在门上写了一个"活"字就走了。人们都不知道啥意思，杨修说："门内添活字，是一个阔字，丞相嫌园门太阔了。"于是大家就把门改好再请他看，曹操大喜，问："谁这么了解我？"左右回答："杨修。"曹操说："好好好。"一边说着好，一边在心里翻白眼：太了解自己的家伙，不好，五脏六腑都被看光了。

有一天，塞北送了一盒酥给曹操，曹操写了"一合酥"三个字在一盒酥上，放在桌上。杨修进来见了，竟然招呼大家："来来来，一起吃。"给吃光了。曹操问这又是什么道理，杨修说："盒上明明写着一人一口酥，我怎么敢违丞相之命呢？"曹操乐呵呵的，心里翻白眼：擅动别人东西的家伙，太讨厌了，没有一点做人的边界。

曹操怕人暗中害自己，常吩咐左右从人："我梦里好杀人，凡是我睡着的时候，你们不许到我跟前来。"一天，他白天午睡，被子掉地上，一个近侍就把这话忘了，估计本来也没当过真，赶紧去给他拿起盖上。曹操一跃而起，拔剑杀掉那人，继续睡觉。半晌醒觉，大睁俩眼："啊？谁杀了我的近侍啊？"大家说是他杀的，曹操痛哭一场，命令把他厚葬了。于是所有人都以为曹操果然梦中好杀人。只有杨修知道他什么意思，临这个近侍下葬的时候，指着叹息："丞相没在梦里，你在梦里啊！"曹操……孤有一句不好听的话要说，不知当讲不当讲。

在夺嫡之战中，曹丕和曹植明争暗斗，狗脑子都要打出来。杨修是给曹植出主意的主力。

曹操想试试曹丕、曹植的才干。一天，令他们各自出邺城门，却又派人告诉守门官，不许他们出门。曹丕先到，门官阻着，曹丕只得退回城内。曹植问杨修怎么办，杨修说："你是奉王命出城，有敢拦的，杀掉。"曹植依计而行，完美。

曹操觉得曹植比曹丕能干，结果后来有人告诉他是杨修出的主意，曹操大怒：你们玩我？

曹操每次给曹植布置的家庭作业，问题刚送过去，答案就已经返回来。这反应也太敏捷了点！曹操一调查，原来是杨修事先就曹操会问到的军国问题，做好了标准答案，曹植只要照着答案抄抄就中。曹丕暗自买通曹植的侍从，把标准答案偷出来给了曹操。曹操气坏了：汝彼母之寻亡乎！

第四节　曹丕和他的神助攻

曹操又不傻，就算他再讨厌杨修这个渣助攻，也不能因噎废食，直接把曹植 PASS 掉。

真正把曹植 PK 掉的，是曹丕和他的神助攻团队。

曹丕的团队有司马懿、陈群、吴质、朱铄，并称“太子四友”。

吴质为人不好，不待见乡亲，光喜欢巴结当官的。他自己当了官，又嚣张得不行。活着没在老家落个好名声，死了没在人间落个好名声，被谥“丑侯”，谁听见谁笑。

他儿子不停替他喊冤，朝廷才给他改谥了一个“威侯”，也不咋的，就是说他逞威风呗。

《三国演义》中，他首次登场，是藏在大篓子里，偷偷摸摸被运去见曹丕。他首次献计，即始于此：

操与众商议，欲立植为世子，曹丕知之，密请朝歌长吴质入内府商议；因恐有人知觉，乃用大簏藏吴质于中，只说是绢匹在内，载入府中。修知其事，径来告操。操令人于丕府门伺察之。丕慌告吴质，质曰：“无忧也：明日用大簏装绢再入以惑之。”丕如其言，以大簏载绢入。使者搜看簏中，果绢也，回报曹操。操因疑修谮害曹丕，愈恶之。

吴质起死回生，杨修又作一死。

▲ 曹植七步成诗

有一次曹操出征，曹植写了一篇花团锦簇的文章为爹送行，吴质对曹丕说你什么也不用做，直接哭。

曹丕就在曹操面前哭得哟，那个依依不舍，曹操大受感动，觉得这个儿子不赖，没白养，这么舍不得你爹呀。相比起来，曹植就有些华而不实了，哼。

陈群，出身名门，早年跟着刘备干，后来曹操占了徐州，他又被曹操征辟过来，于是跟着曹操干。此人贵族豪门，既有素养，又有思想。他采用了“九品中正制”的选官法，而且他还是《魏律》的主要创始人。他后来把官做得很大，是曹丕的托孤重臣，继任者曹叡的辅政大臣。病死后，配享曹操庙庭——做人臣最大的光荣，他得了。

至于朱铄，史籍少载，不过这家伙脾气特别急，吴质又好得罪人，所以在宴席上两个人曾经正面硬杠，他都把剑拔出来啦，不过没往吴质身上砍，把地给砍了一道缝。

还有司马懿，胆大，皮厚，心黑，善忍，有他在，曹丕几乎不可能失败。

曹丕站得位置好。他是次子，长子已死，所以立长他有份；他是嫡母所生，所以立嫡他也有份。

所以，他最终能够上位，除了谋士团给力，也有文臣力捧的原因。

毛玠就秘奏曹操，说袁绍当年废长立幼，你看他什么下场？

刑颙是曹植的家丞，但是他的意思也是这样。

曹操之所以杀崔琰，还有一个方面：曹操就立储的事情秘问崔琰，谁知道崔琰这个傻瓜却在朝堂上公开谈论，而且亮明观点：立长不立幼。这下子让曹操非常难做人，所以种下对他的恶感。

立储在即，曹丕还派人去找过贾诩，因为他知道他爹一定会去问这个大号谋臣的意见。

贾诩的回答不偏不倚：

“愿将军恢崇德度，躬素士之业，朝夕孜孜，不违子道。如此而已。”

那意思就是好好干，没错的。

曹植的助攻是渣渣，结果他也给自己下绊。就在立储的极为关键的时刻，他来了个打马行驰道，夜闯司马门。

所谓“驰道”，就是中国历史上最早的“国道”。秦始皇统一六国后，以咸阳为中心，修了好多条通往全国各地的大路，只有皇帝才能走。结果今天曹植走了。

所谓“司马门”，是对天子宫门或诸侯王宫外门的称呼，也只有天子才可以使用，别人不能随便进出，这是等级制度，不容僭越。

——他肯定喝酒了。

曹植公然违礼犯制，是死罪。曹操权倾天下，汉献帝固然不能拿曹植怎么样，但是曹操也得考虑影响。

所以，曹植彻底完了。

建安二十二年（217），曹丕正式册封世子。

建安二十四年（219），大将军曹仁为关羽所困，曹操任命曹植为征虏将军，前去支援曹仁。

他对曹植仍有幻想，愿意重新扶他上马，送他一程。但是这个不成器的儿子却在出兵的前一天大醉，误了军情，曹操大骂，撤了他的职。

据《魏氏春秋》记载，是曹植要出发了，太子曹丕请他喝送行酒，一个劲地劝酒，把他给劝醉了。结果曹操叫曹植没叫起来，大怒撤了他的职。

曹植彻底完了。从此不得志，郁郁后半生。

第五节　扎心和丢命

杨修的死期也到了。

曹植扶不起来，没必要再留辅臣。偏偏他还在持续作死。

建安二十四年（219），魏蜀两方争夺汉中要地，曹操亲率大军屯兵斜谷界口。想前进吧，马超顶得死死的；想后退吧，又怕蜀兵笑话。

正犹豫的时候，厨房里给他送鸡汤，汤里有一块鸡肋。他就盯着鸡肋死看，把鸡肋都盯得发毛了：

您老这是要吃了我还是要瞪了我……

正当曹操和鸡肋大眼瞪小眼的时候，夏侯惇进来问他今夜口令，他随口就来了一句："鸡肋，鸡肋。"

于是当晚口号就成了"鸡肋"。

鸡肋：……我好荣幸。

杨修担任行军主簿，一听这个口号，马上让人收拾行装，准备回家。夏侯惇一听人报，大惊，请来杨修问咋回事，杨修说这不明摆的事儿吗？我从今夜号令，推测出魏王很快就会退兵回家：鸡肋这东西，吃吧，它又没肉；不吃吧，它又有味儿。如今咱们是进不能胜，退恐人笑，在这里待着也没好处，不如早点回家算了。你瞅着吧，魏王明天就得下令班师，我先收拾好东西，免得到时候丢三落四。

夏侯惇一听，有道理，你真知道咱们魏王的心思！他也开始收拾行李。一时间，所有将领都开始收拾行李。曹操夜里心乱，一个人悄悄地绕寨散步，发现大家都在收拾行李，吓一大跳，急忙问夏侯惇怎么回事。夏侯惇说这是主簿杨修先知道您有回家的意思。

“把杨修叫来！”

杨修来了，把“鸡肋”的说法说了一遍，心里特别美：就我知道您的心意，以后您不靠我靠谁？

曹操大喝一声：“你怎么敢瞎造谣言，乱我的军心！左右，推出去，给我斩了！”

杨修：纳尼？！

被绑在辕门外，刀斧马上临身，杨修心思反而沉静下来，叹一口气：“我就知道，我这都是死得太晚了。”

其实他也知道自己个性张扬，屡屡犯禁；他也知道曹操阴险多忌，不容自己。可是他为什么自蹈死路？一方面是他本性如此，拘挛着太难受；另一方面，他未必不是借着曹植的势，知道只要曹植不倒，自己就有安全绳。如今曹植失势，自己不死何为？

天底下，永远不缺的是自命不凡的人，自己不清楚自己斤两的人，少的是谦虚谨慎、戒骄戒躁的人，少的是隐忍不言、暗自发愤的人，少的是敢把一身的刺拔下来，乖乖团缩的人。

世界永远不是你的自由世界，永远不是。

向左走还是向右走永远是命运给出的一个命题，永远无法回避。

有张扬得恨不得起飞的，就有低调得恨不得遁地的。

曹丕成为王太子，人们纷纷跑到他妈妈卞氏那里祝贺：

“将军被立为太子，大家都高兴，王后，您该大赏我们了。”

卞夫人淡淡地回答：“曹丕是长子，所以立嗣。我是他娘，在教导儿子方面没有过失就已经足够了，我们母子并没有什么功劳，有什么值得重赏的呢？”

曹操十分欢喜，夸奖太太：“愤怒不变容态、喜悦不失礼节，难得呀，难得。”

这个卞夫人，算是十分谦抑，摆得正自己位置的了。

建安初年，卞氏在给曹操生下曹丕、曹彰、曹植后，由妾的身份升为继室。

建安二十四年（219），曹操封卞夫人为王后。

作为曹操背后的女人，卞夫人做得很到位。

曹操的前妻丁夫人和曹操决裂后，曹操对于丁夫人一直有想法，所以总爱借卞夫人的名义邀请丁夫人回王宫赴宴。卞夫人知道曹操是什么意思，就自己坐妾的位置，把曹操身边的嫡妻位置留给丁夫人。

丁夫人当初做太太的时候，并没有给过卞夫人母子什么好脸色，如今有些过意不去，说：“你实在不必为我做到这个份儿上。”

殊不知，卞夫人为她做的还多着呢。数年后，丁夫人死在娘家，曹操甚是痛心。卞夫人亲自操办丧事，以慰曹操这颗失落的心灵。

女人做到这个份儿上，要么她对丈夫是全然的爱，爱到失了自我；要么就是她对丈夫全然的不在乎，爱咋咋地，你高兴就好。

也不得不说，无论出于什么本心，这样的低调谦虚都可以称为智慧。

就是这智慧里长着倒刺，扎心。

像杨修那样倒是不扎心，丢命。所以，如果是你，选哪一种？

第六节　文王之心

曹操热火朝天地向着权力巅峰迈进，刘备也没闲着。

当初赤壁之战，他向孙权“借”了荆州，又占了益州。这样一来，孙、刘矛盾就渐渐尖锐起来。就像邻居在自己家旁边逐渐发展壮大一样，而且这邻居还臭不要脸地跟自己家借钱不还。

于是，孙权就派人向刘备讨债，刘备不肯还，两边几乎闹翻打起来。如果不是有曹操这个共同的强敌，他们早开撕了。

后来，曹操要征伐汉中的消息传来，益州有危险，刘备还需要邻居和自己一起打曹操，所以就让了一步，同意和孙权平分荆州。孙权的三十米大刀已经出鞘二十九米，又还了回去，差点闪了腰。

建安二十四年（219）正月，刘备自阳平渡过沔水，驻于定军山，和曹军大将夏侯渊、张郃率军相争。

刘备和夏侯渊打的时候，采用烧围角之策，趁夏侯渊前去救火、修补鹿角的时候，派讨虏将军黄忠居高临下突袭夏侯渊的军队，夏侯渊战死。

夏侯渊，死得冤。

曹操早劝过他：

“做将军的，应当有怯弱的时候，不能老是仗着自己的勇力。做将军的要以勇为本，凭智而行。如果一味拼这一把子勇力，做不了万人敌，也做不了千人敌、百人敌，撑死不过一匹夫敌。”奈何他不听啊。

得知夏侯渊死讯，曹操又气又叹：“身为督帅尚且不应该亲自作战，更何况是去修补鹿角！”

敢情您忘了你打仗的时候往前猛冲，要不然坐在小马扎上让人射的黑历史啦？

五月，曹操退出汉中，把汉中教刘备占了，刘备自称汉中王。

稍后，刘备命驻防荆州的关羽进兵襄樊，北向宛洛。

关羽率军围攻樊城。

征南将军曹仁防守樊城，先派于禁、庞德等七军屯于樊北，与城内互为犄角。

八月大雨，汉水暴涨，关羽掘河，水淹七军，擒于禁、杀庞德，很快把樊城重重围困。

曹仁带几千人马坚守，等曹操来救，哪知道曹操给吓惨了：干脆咱们迁都吧，打不过啊。

司马懿说不可：“于禁兵败，不是因为关羽勇猛，而是因为汉水暴涨。而且这次失败也没有使我们伤筋动骨，不到迁都那个份儿上。迁都不是小事，容易造成军心、民心动荡。而关羽，又不是不可战胜的。”

他出了一计，请曹操派人劝孙权威胁关羽的后方，好处是答应孙权把荆州南部的土地都给他，这样一来，樊城之围自然解除。

孙权一听，乐得蹦高。他和刘备的联盟已经布满裂缝，荆州要不回来，自己睡觉都不安稳。所以他派去使者和曹操对接，告诉曹操，他要派兵向西攻夺江陵、公安。关羽丢了这两座城池，一定会逃走，这样，关羽对樊城的包围就会自行解除。

“不过，”孙权说，“这个计划要保密，千万不能泄露，否则会打草惊蛇。”

曹操怎么办？当然是把这个消息泄露出去啊！你和关羽打得越欢，人家越高兴呢。

孙权派吕蒙领大军沿江而上，偷袭关羽的后方江陵、公安。曹操又派徐晃领援军来救樊城。徐晃配合全局，开始对关羽反攻。

关羽得知吕蒙偷袭江陵得手，南郡投降，只得从樊城撤退，归路上军队溃散，荆州失守。

关羽兵败退走后，司马懿赶紧建议曹操，让曹仁不要乘胜追击。曹、刘结怨，会使孙吴坐收渔利。放关羽走，让他和孙权斗。

曹操马上下令，让曹仁按兵未动。

关羽走投无路，退到麦城，又被吕蒙率军包围。关羽从麦城逃出，被吕蒙伏兵活捉。

孙权想招降云长，属臣反对：

“过去曹操得了此人，封侯赐爵，三日一小宴，五日一大宴，上马一提金，下马一提银：如此恩礼，毕竟留之不住，听其斩关杀将而去，致使今日反为所逼，几欲迁都以避其锋。今主公既已擒之，若不即除，恐贻后患。”

所以关羽就死了。

孙权杀了关羽，夺了荆州，既怕刘备报复，更怕刘备与曹操联合，所以把关羽的人头装在木匣子里，派人送给曹操，同时写了封信，再次表示愿意向曹操“称臣 ”，并且劝曹操顺应天命，及早称帝。

曹操挺高兴，把信给心腹传看。心腹左右看了，当然也高兴，都撺掇他直接称帝算了。

他却笑了：

“孙权这小子，他想把我放在炉子上用火烤呢！”要不要再撒点孜然和辣椒面啊？

汉室虽衰，人家是几百年的正根正苗正花正叶正统。自己称帝，会被人戳脊梁骨骂死——君不见称一个魏公就被人反对得不行，称一个魏王又被人反对得不行。

所以，他长叹一口气：

“若天命在孤，那便让我来做周文王吧。”

周文王姬昌，人生大半时间都是纣王的臣子，他的儿子周武王做了天子后，才追尊他为文王。曹操的意思是说，自己这一辈子，就只做个魏王就可以了，还是让儿子去做魏帝吧。

他也实践了当初他对荀令公的誓言：这辈子都做汉臣。

第七节　凉凉……

关羽死了。

这个钢铁直男，着实的让曹操又爱又恨，认准了刘备这个人，就生也是他，死也是他。别的人都不成。

曹操也不成。

如今关羽死了，曹操又高兴，又悲伤。

司马懿又出主意，让曹操将关公首级刻一个香木身子，风光大葬。刘备知道了，一定深恨孙权，勠力南征。我们就可以隔山观虎斗，专门准备打痛脚：蜀胜了，我们就击吴；吴胜了，我们就扁蜀。只要得了一处的地盘，那一处迟早也是我们的。

曹操大喜。

他还想看看关羽的脸，让人呈上木匣，“操开匣视之，见关公面如平日。操笑曰：‘云长公别来无恙！’言未讫，只见关公口开目动，须发皆张，操惊倒。众官急救，良久方醒”。(《三国演义》)

曹操以王侯之礼，把关羽厚葬于洛阳南门外，令大小官员送殡，曹操亲自拜祭。

大约是松了一口气的缘故，这天，曹操突然头痛得厉害。他想让华佗给他医治，可是华佗已经被他杀掉了。

当年，华佗为曹操医治头风，不知怎的，不愿意当差了，请假回家。到家之后，说老婆病了，就不肯再回来上班。曹操屡次写信，他都不肯来；曹操又下诏让郡县征发遣送，华佗仍旧不肯来。

曹操怒了，派人去查看：如果他老婆真病了，就赐小豆四千升，给他放宽期限；如果是假的，那就抓回来。

结果使者一看，华佗在撒谎，就专程把他递解许昌。荀彧替他向曹操求情，曹操说：

“怕什么，天下难道就没好医生啦？离了他就没有人会治病？”

于是华佗在狱中被拷打而死，临死将一卷医书交给狱吏。狱吏不敢接，华佗把医书一把火烧掉。

如今，曹操后悔了。头好痛，眼睛珠也痛，太阳穴也痛，刀剜一样的痛，锯子锯着一样的痛，斧子砍凿着一样的痛。

痛到第三天，他想着：不好，我怕是药丸。

挣扎着颁下遗令：

“我在夜里觉得有些不舒服，第二天喝了粥就出了汗，又喝了当归汤。

“我在军队中指挥，好发脾气，又经常犯错，这些你们都不要学。天下还没有安定，不能动不动就讲古人怎么怎么样，要有自己的主张。

“我有头风的病，最初的时候戴头盔，我死了以后，你们要像我在世时一样把持大事，这个万万不能忘。

“在殿中的文武百官，十五天后停止哀悼，丧葬以后都要脱掉孝服。

“率领军队驻守边关的人，都不能离开屯兵的地方。

“你们所有人，都要各负其责。我死后，把我葬在邺城城西的小山上，和西门豹的坟墓挨着，不要陪葬金银、玉器、珠宝。

“我的婢妾和歌舞伎都很勤苦，把他们安置在铜雀台，别亏待她们。

在铜雀台的正堂上放一张六尺长的床，挂上灵幔。早晚供上肉干、干饭之类的祭物。每月初一、十五两天，从早至午，要对着我的灵帐歌舞。

“你们要时时登上铜雀台，看望我的坟墓所在。我留下的熏香可以分给诸位夫人，不要用香来祭祀。各房的人没事的时候，可以学着编织丝带和鞋子卖。

“我一生历次做官所得的绶带，都放到库里。我遗留下来的衣物、皮衣，可放到另一个库里，不行的话，你们兄弟就分掉。”

人之将死，他似乎不再关心多少军国大事，开始关注他背后的这些女人，他一生所积的可怜财物。

曹操一生节俭，衣裳和蚊帐破了都不许换新的，要缝缝补补。坐垫也只求实用，不图好看，不镶边、不绣花。《军师联盟》里，曹操洛阳病重，看着跟随自己多年的侍妾们，强撑起半个身子，心头有些酸楚：

“多么好的年华啊，国家艰难，这些年攻城略地之财物，皆赐予有功将士，汝等跟着我，衣不锦绣，履不二采，颇受勤苦。”

确实颇受勤苦。他的姬妾都布衣粗服，曹植的妻子因为穿着华丽一些，就被他逼着自杀。

建安二十五年（202）正月二十三日，曹操死，享年六十五岁。

一生强横，一把枯骨，看不尽的江山风流，阅不尽的人间胜景，谋划不尽的征战杀伐，如今都完了，结束了，到头了，死了，凉了。

尾声

曹操死后，曹丕继承父亲为魏王、丞相，尊父亲为魏武王，母后卞氏为王太后。

当年十月，曹丕废掉汉献帝，正式称魏文帝，追尊父亲曹操为武皇帝。

曹操一生，既有功，也造过。既是开创历史的伟人，也是一身毛病的凡夫。他活得投入，活得认真，活得真实，活得造孽。后人称他："古人做事无巨细，寂寞豪华皆有意。"

鲁迅说他："是一个很有本事的人，至少是一个英雄。"

对，至少他是一个枭雄。

起码他曾经差点把整个天下一巴掌拍扁，再搓成丸子……